Vom Frust zur Freude

Mehr Energie, Resilienz und

Lebensfreude für Dich.

Für Menschen mit und ohne Handicaps.

Eine wahre Geschichte

Armin Oberländer

3. Ausgabe Herbst 2020

© 2020 Oberländer, Armin
Herstellung und Verlag: BoD – Books on Demand, Norderstedt
ISBN: 9783749498826

Inhaltsverzeichnis

Vorwort 9

Für wen ist dieses Buch geschrieben? 10

Über mich 12

Über dieses Buch... 13

Danke 14

Lebensenergie 15

Über die Freude 18

Teil1: Stairway to heaven 20

   Der Einklang von Körper, Geist und Seele.............. 21

Erholsamer Schlaf 25

Meditation.. 27

   Meditation ohne meditieren 29

   Meditation bei dem Höhlen Drama in Thailand..... 30

Yoga, Tai Chi, Qigong 31

Die Wirbelsäule und die Haltung........................... 32

Spaziergänge 33

Dich mit schönen Bildern umgeben 37

Musik.. 37

Tanzen 38

Zärtlichkeit. körperliche Liebe 39

Vertrauen 39

Lächeln und Lachen 40

Selbstwertgefühl und Selbstvertrauen 41

Unser Denken 42

    Hier und jetzt.. 43

    Fokussiere Dich auf das was Du hast, nicht auf das was fehlt 47

Verständnis für das Unverständnis anderer............ 47

Kommunikation.. 48

Deine Sprache.. 49

    Deine Wörter und Deine Rucksäcke 50

    Diese Wörter bitte nur sehr überlegt einsetzen. ... 51

    Präzise oder prägnant.................................... 53

    Der Ton macht die Musik 53

    Aussprache, Stimmlage 54

    Wie fesselst Du Deine Zuhörer? 55

    Gespräche mit positiven Menschen 56

    Probleme besprechen.................................... 57

Erfolge.. 58

Jubeln.. 58

Erfahrungen 59

Essen 59

In der Ruhe liegt die Kraft................................ 60

Achtsamkeit.. 61

Affirmationen 63

Wie? Alles ist gut 64

Gönnen 65

Dankbarkeit 65

Leichtigkeit 66

Teil 2: Roads to hell 68

Kopf zu voll 68

Negative Gedanken 69

Negative Emotionen 74

Innere Widerstände 75

Fehlende Entscheidung. 77

Unterbrechungen 78

Offene Punkte 79

Konflikte 80

Konflikt beenden in einer aggressiven
Gesprächssituation 81

Unverstandene Worte 82

Unausgesprochenes 83

Sorgen 83

Mitleid oder Mitgefühl? 84

Negative Menschen, chronisch und temporär 85

TV Nachrichten und Ähnliches 87

Vergleiche 88

Zeitdruck, Termindruck 89

Falsch gefragt... Warum ich?................................91

Drama 91

(Hoch)sensibilität und Empathie 92

Druckstellen...95

Liebe die Leere...95

Teil 3 : Make it real...97

Wünsche, Ziele, Pläne.......................................97

Tagesplan 101

Routinen...102

Ordnung ist das halbe Leben............................102

Ausmisten 103

Teil 4 : My way..104

Mein Start ins Leben...104

Mein Bruder, behindert 105

Die Brille 108

Schule 109

Der kleine Forscher und Rennfahrer..................110

Die Großeltern...111

Ausbildung und Weiterbildung... 112

Ein Baum rettet unser Leben 113

Riss in der Netzhaut 114

Mandy, auf Drogen..115

Knastbesuch...116

Studium 116

Die Einheit 119

Kuba 120

Nach dem Studium 122

Mit dem Motorrad, in einer Kurve, das war knapp...
.... 123

Kenia 123

Freitod Onkel 125

Im Grunde meines Herzens bin ich Elektriker 125

Wieder Ingenieur, aber jetzt richtig 127

In einem wundervollen Garten 129

Meine erste Ehe 130

Einmal war ich sogar Chef 131

High Tech und blökende Schafe am Gambacher
Kreuz 133

Die blinde Frau im Zug 134

Unvergessliche Erlebnisse in Thailand 134

Scheidung, ein Ende mit Schrecken 139

Mangelnde Kommunikation daran können Ehen
scheitern 140

Meine zweite Ehe 140

Irland 2008 142

Globaler Support 143

Auf dem Motorrad, diesmal hinten 144

7

Die zarte Faust 144

Kundenbesuche 144

Es ist immer besser mit den richtigen Leuten zu
sprechen 145

Rumänien 2010 147

Iran 2010 150

Nichts wird bleiben wie es war 157

Die kleinen Dalai Lamas 157

Du wirst Opa 158

Wieder verheiratet 159

Krebs ein grausamer Tod 160

Chinesen und Inder bei der Arbeit 161

Mein Leben als Opa 162

Eine Enkeltochter, ihr Opa und sein Glasauge 162

Im Tempel hast Du 3 Wünsche frei 163

Demenz Vater 164

Vater stirbt, nicht alleine 166

Abfindung 168

Was fange ich mit der neuen Freiheit an? 169

Teil 5: Heroes 170

Schlusswort 173

Anhang 175

QR Codes: 182

Vorwort

Jeder Mensch wird mit besonderen Talenten und Fähigkeiten geboren. Diese Talente und Fähigkeiten wollen entdeckt, entwickelt und schließlich gelebt werden. Als Kind sind Deine Eltern und Lehrer für Deine Entwicklung verantwortlich. Als Erwachsener Du selbst.

Doch haben nicht alle Menschen die gleichen Bedingungen. Lass es mich mit einer Pflanze beschreiben. Die meisten Samen landen im weichen Mutterboden und so hat es die Pflanze leicht sich zu entfalten und an das Licht zu gelangen. Andere wiederum müssen auf dem Weg zum Licht eine dicke Asphaltdecke durchdringen.

Für uns Menschen betrachtet steht diese Asphaltdecke für all die Schwierigkeiten, Handicaps und Schicksalsschläge im Leben. Doch auf alle die hier durchgekommen sind wartet ein glückliches selbstbewusstes Leben. Ich habe dies alles selbst so erlebt und kann Dich deshalb mit diesem Buch unterstützen Deine Asphaltdecke zu durchdringen und jetzt mehr Energie, Resilienz und Lebensfreude zu erreichen.

Ich schreibe hier von Mensch zu Mensch und deshalb nutze ich das respektvolle "Du".

Über Rückmeldungen zu meinem Buch würde ich mich sehr freuen. Ebenso über die Einladung zu Autorenlesungen etc. Siehe hierzu Seite 182 am Ende des Buches.

Für wen ist dieses Buch geschrieben?

In erster Linie für Menschen, die sich von Handicaps und Schicksalsschlägen nicht entmutigen lassen und ihre Tage lieber mit Lebensfreude und Energie verbringen wollen. Auch feinfühligen Menschen kann mein Buch helfen ihre Aufmerksamkeit auf die schönen Seiten des Lebens zu lenken. Sowie alle anderen, die an dem Thema Lebensfreude interessiert sind.

Wenn Du mit Selbstzweifeln kämpfst, oft negative Gedanken hast, einen schweren Verlust erlitten hast, Dich unzulänglich fühlst oder dieses schreckliche Gefühl hast in einem Loch zu sitzen und nicht herauszukommen, dann bist Du damit nicht allein, denn vielen Menschen geht es auch so, ob sie nun ein Handicap haben oder auch nicht. Mir ging es genauso, doch ich habe mich nie damit abgefunden, da ich immer ein glückliches, selbstbewusstes Leben führen wollte. Dieses habe ich jetzt erreicht.

Wem kann ich am besten helfen mit meinen speziellen Erfahrungen?

- Menschen, die mit (schwer)behinderten Geschwistern aufgewachsen sind
- Menschen mit verminderter Sehkraft
- Menschen mit Glasauge
- Menschen, die ein Auge verloren haben z. B. durch Netzhautablösung

- Menschen, die eine plötzliche Einschränkung der Gesundheit erlitten haben
- Menschen, die sich um ihre dementen Eltern kümmern.
- Menschen, die sich um ihre alten Eltern kümmern
- Menschen, die mehr Selbstbewusstsein in ihrem Leben erreichen möchten
- Menschen, die mehr Selbstwertgefühl in ihrem Leben erreichen möchten
- Menschen, die mehr Lebensfreude erreichen möchten.
- Menschen, die mentale Unterstützung bei Entlassung aus einem Arbeitsvertrag wünschen
- Allen, die schwierige Lebenssituationen überwinden müssen.
- Menschen, die sich eine Reflexion ihres Lebens aus einer anderen unvoreingenommenen Sicht wünschen.
- Menschen mit erhöhter Sensibilität
- Künstlern

Wem kann er nicht helfen?

- Menschen, die gar keine Hoffnung mehr in sich tragen
- Menschen, die immer alles besser wissen
- Menschen, die alles ablehnen

Über mich

Geboren im heißen Sommer 1962. Mutter Hausfrau, Vater Bag-gerführer, zwei Jahre später kam mein Bruder zur Welt, später stellte es sich heraus, dass er schwerstbehindert ist. Seit der Ein-schulung trage ich eine Brille und es wurde festgestellt, dass ich Legastheniker bin.
Die Schule fand ich erst einmal nicht so interessant, dass kam erst später. Schließlich habe ich mein Interesse für die Elektronik entdeckt und mich vom Hauptschüler über eine abgeschlossene Ausbildung zum Diplom Ingenieur (FH) Nachrichtentechnik hochgearbeitet.

Obwohl ich damals nur noch auf einem Auge sah, sagte ich mir "Jetzt erst recht!". Ich machte meinen Traum wahr und wurde Ingenieur.

Als Experte arbeitete ich mit Begeisterung viele Jahre im Kunden Support. Ebenso habe ich einige Jahre als Fernmeldehandwerker und Elektriker gearbeitet.

In unzähligen Gesprächen habe ich Menschen aus vielen Ländern und den unterschiedlichsten Berufen weitergeholfen, verwickelte Angelegenheiten aufzulösen. Sowohl beruflich als auch privat, ob technischer oder persönlicher Natur.

Bin ich 56 Jahre jung, verheiratet, habe 3 Kinder und ein Enkel-kind

Mehr hierzu findest Du in Teil 4 : My way

Über dieses Buch

In diesem Buch beschreibe ich meinen Weg durch mein bewegtes Leben.

Hier erfährst Du wie es mir gelang, trotz widriger Lebensumstände meine Energie, mein Selbstbewusstsein und meine Lebensfreude zu entfesseln. Du kannst das auch! Was bei mir viele Jahre gedauert hat, ist nun für Dich kompakt beschrieben.

Ein verlorenes Auge kann ich nicht zurückbringen, doch ich kann Dir weitergeben wie ich trotz diesem Handicap dennoch selbstbewusst und mit Freude lebe.
Es hat Jahre gedauert diese Methoden zu finden, in Gesprächen, Büchern, Zeitschriften, Filmen und mit "Trial and Error". Gerne hätte er dieses Wissen schon früher gehabt. Doch nun kann ich Dir eine echte Abkürzung aufzeigen.
"Es nicht zu tun, wäre unterlassene Hilfeleistung", sagte ein Freund immer wieder zu mir. Was mir zusätzlichen Ansporn gab dieses Buch mit viel Herzblut und wachem Geist zu schreiben.

Keine Angst, es ist nicht alles schwerwiegend und traurig. Es gibt auch manch lustige Anekdote.

Vielleicht wirst Du bei manchem sagen das habe ich schon woanders gelesen. Ja Du hast Recht. Ich wollte das Rad nicht neu erfinden. Wichtig ist die Umsetzung. Was in meinen Büchern steht hat nicht nur mir geholfen.

In diesem Sinne wünsche ich Dir eine inspirierende Lektüre und gute Impulse für mehr Selbstwertgefühl, Energie und Lebensfreude.

Zahlen in eckigen Klammern sind Referenzen auf den Anhang: Beispiel [101].

Zu diesem Buch habe ich zahlreiche Quellen verlinkt.
Damit Du es einfacher hast die Links zu öffnen, habe ich den
Anhang in meine Homepage aufgenommen.

Deine-freude-finden.de/anhang-zum-buch/
> QR Code Seite 182

Make it real!

Armin Oberländer
Deine-Freude-finden.de

**Achtung! Falls Erkrankungen vorliegen ist ein (Fach)arzt
erforderlich. Ich kann und will keinen Arzt ersetzen.**

Danke

Ich danke meinen Eltern, meiner Frau Montha, meinem Freund
Matthias und all den Menschen, die mich durch mein Leben begleitet haben... Für all die Begegnungen und Gespräche, die ich
mit jedem führen durfte, besonders den Frauen, die oft ein tiefe-
res Einfühlungsvermögen und Verständnis für die Belange des
Lebens besitzen als wir Männer. Auch allen, die auf meine Bei-
träge in den sozialen Netzwerken geantwortet haben und ganz
besonders meinem aufmerksamen Lektor Wolfy G

Danke für die schönen Herz Grafiken an Denise Bellmann..

Danke auch an unsere Enkeltochter, Du hast mir immer im
richtigen Moment ein Kissen an den Kopf geworfen, Deine Zukunft liegt mir sehr am Herzen.

Lebensenergie

Wir kommen mit viel Energie auf die Welt. Als Baby reicht es zu schreien und schon bekommen wir alles, was wir brauchen. So soll es sein.

In einer Straßenbahn sitze ich neben einer jungen Mutter, die ihr noch friedliches Baby auf dem Arm hält.

Ganz plötzlich fuchtelt das Baby mit seinen Armen herum und trifft mit seiner kleinen Hand meinen Oberarm. Ich war sehr überrascht, dass ein so kleines Wesen schon so kräftig „zuschlagen" kann.

Kleine Kinder haben jede Menge Energie, bevor sie in die Schule kommen. Unsere Enkeltochter rennt und hüpft den ganzen Tag umher. Ich habe schon versucht sie durch die Gegend zu scheuchen, damit sie müde wird. Das hat aber nicht funktioniert - denn wer müde wurde, war ich.
Ähnlich erging es mir als ehrenamtlicher Schwimmausbilder für Kinder ab 6 Jahren beim DLRG. Trotzdem macht es mir sehr viel Spaß mit unserer Enkelin (und anderen Kindern) zu spielen. Kinder fühlen sich einfach wohl bei mir.
Oft sagen Eltern oder Großeltern „Mein kleiner Sonnenschein" zu ihren Kindern. Das trifft die Sache auf den Punkt. Ich sage Dir, diese Sonne scheint immer noch, auch in Dir. Auch, wenn Sie gerade verborgen scheint.

Diese strahlende Energie wird aber bei vielen Menschen durch negative Gedanken und Emotionen gebunden und kann somit nicht fließen. Gebunden durch das ungeprüfte Übernehmen von negativen Inhalten in Schule Beruf, Alltag und in den Medien.

Das geht zum Glück auch anders, denn mir begegnen immer wieder Menschen, die noch im hohen Alter voller Energie und

Humor sind.

In einer Bäckerei sagte mir einmal ein rüstiger 89 jähriger Herr: „Alles was mich ärgert, habe ich abgeschafft." Deshalb ist er auch wegen seinem Humor und Charme bei den Verkäuferinnen hier äußerst beliebt.

Kennst Du den Film „Herr der Ringe"? Dort gibt es diese Szene, in der König Theoden von Rohan seiner Lebensenergie beraubt ist, eingewebt in ein Spinnennetz aus negativen Gedanken des fiesen Einflüsterers Grimma. Gandalf und seine Gefährten verjagen Grimma und geben Theoden seine Lebensenergie zurück. Okay, das ist ein Fantasy Märchen. Im richtigen Leben kommt kein Gandalf, doch Du kannst Dich sozusagen selbst aus diesem Netz befreien. Genau darum geht es in meinem Buch.

Bildlich möchte ich das Ganze so darstellen:

Zunächst scheint (fast) alles nur traurig und grau zu sein. Mit den beschriebenen Übungen wird das grau jedoch immer kleiner

Bis schließlich alles gut ist und Du Deine volle Energie wie der hast.

Über die Freude

Freude ist ein Gemütszustand. Begeisterung, Euphorie, Verliebtsein und die Erregung sind noch intensivere Gemütszustände, jedoch eher kurzfristiger Natur. Freude kann der Grundzustand Deines Lebens werden. Dies ist Deine Entscheidung und die Umsetzung erfordert ein wenig Übung. Die Freude kann sehr dauerhaft sein. Freude kannst Du auch als „Sonne im Herzen" sehen.

Hab Sonne im Herzen von Cäsar Flaischlen (1864-1920)

Hab Sonne im Herzen,
ob's stürmt oder schneit,
ob der Himmel voll Wolken,
die Erde voll Streit ...
hab Sonne im Herzen,
dann komme was mag:
das leuchtet voll Licht dir
den dunkelsten Tag!
Hab ein Lied auf den Lippen
mit fröhlichem Klang,
und macht auch des Alltags
Gedränge Dich bang ...
hab ein Lied auf den Lippen,
dann komme was mag:
das hilft Dir verwinden
den einsamsten Tag!
Hab ein Wort auch für andre
in Sorg und in Pein
und sag, was Dich selber
so frohgemut lässt sein:
Hab ein Lied auf den Lippen,
verlier nie den Mut,
hab Sonne im Herzen,
und alles wird gut!

Was Du aus der Freude heraus machst, gelingt besser, viel besser und es wird Dir auch leichter fallen die richtigen Menschen zu finden, die Dich mit Rat und Tat unterstützen. Auch Rückschläge lassen sich leichter und schneller überwinden, wenn Dein Grundzustand die Freude ist.

Teil1: Stairway to heaven

Der Einklang von Körper, Geist und Seele

Mit Geist ist hier der rationale, analytische Verstand gemeint. Mit Seele der emotionale, intuitive Teil des Menschseins. Der Körper mit Haut, Knochen, Blut, Muskeln, Sehnen, Hormonen und allem was noch dazu gehört.

Ich möchte Dich dafür gewinnen, dass Du auf diese drei Bestandteile achtest, damit Du ein Bewusstsein für das Zusammenwirken von Körper, Geist und Seele entwickelst.

Wenn Du viel im Sitzen am Computer arbeitest, dann kann ich Dir nur ans Herz legen genügend Pausen einzulegen und Dich gezielt zu bewegen. Ebenso empfehle ich Dir einen kleinen Plausch über andere Themen. Dabei darf gern gelacht werden. Manche Firmen bieten ihren Angestellten Tischfußball Geräte und Ähnliches an. Bitte nutze diese, wenn möglich, weil gerade wenn man sich in eine Thematik "festgebissen" hat und nicht weiterkommt, es sehr hilfreich ist, etwas ganz anderes zu machen und danach wieder frisch ans Werk zu gehen. Wenn die Arbeit so richtig gut von der Hand geht, ist es natürlich besser dabei zu bleiben, aber nur dann.

Je ausgewogener Du dieses einfache Körper, Geist Seele Prinzip lebst, umso mehr Energie und Lebensfreude wirst Du besitzen.

Einfache Darstellung von Körper, Geist und Seele

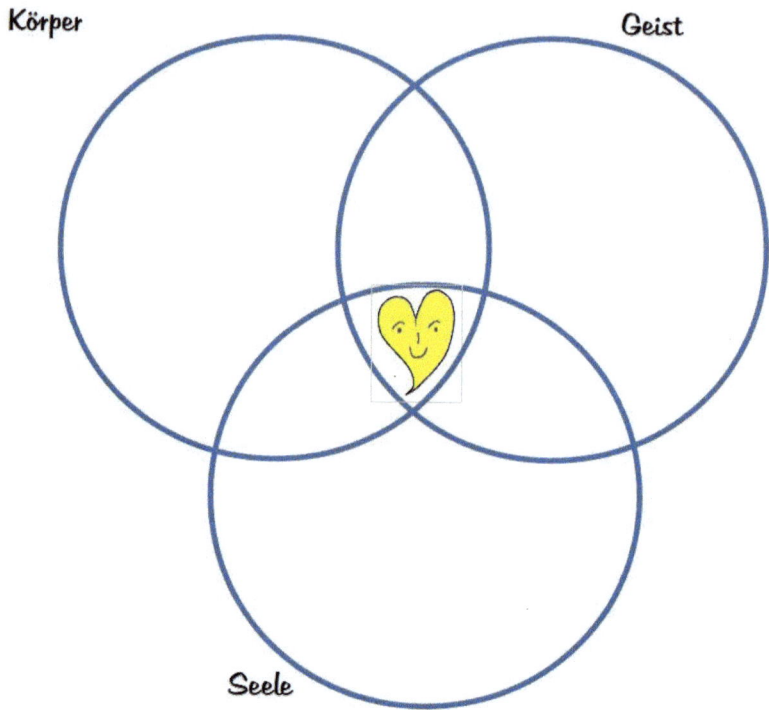

Hier einige Beispiele für Tätigkeiten und in welchen Bereichen diese stattfinden.

Beispiele für rein geistige Tätigkeiten

- Arbeiten am Computer, Programmierung,   Konfiguration von Smartphones, Excel etc.
- Fachtexte lesen
- Mathematik, Physik etc. lernen
- Schach spielen

In unserer westlichen Welt sind wir sehr stark auf den rational, analytischen Bereich ausgerichtet. In den meisten Berufen ist Rationalität sehr wichtig, selbst Pflegekräfte müssen Statistiken in irgendwelche Computer eingeben. Auch in der Freizeit erreicht das Internet inzwischen Menschen, die sich früher nie dafür interessiert haben. Es wird immer mehr Zeit vor Bildschirmen verbracht als in der freien Natur. Ich sage ja gar nicht, dass das Internet generell schlecht ist. Auf jeden Fall ist es gut, öfter mal eine Pause zu machen, Körper und Augen [101] etwas Gutes zu tun.

Beispiele für rein körperliche Tätigkeiten

- Sport,   höher schneller, weiter
- Körperliche Arbeit

Beispiele für rein seelische Tätigkeiten

- rührende Filme ansehen
- Musik hören
- Komplimente, Bestätigung geben/ erfahren

geistig - seelisch

- Meditation
- Texte schreiben
- Ansprechende Gespräche

Seelisch körperlich

- Zärtlichkeit, körperliche Liebe

- Tanzen Free Style
- Unbestuhlte Rockkonzerte und Sportveranstaltungen besuchen.

Alle drei Bereiche werden hierbei angesprochen

 Beispiele: Mit Kindern spielen, Yoga, Tai Chi, Gesellschaftstänze

Yoga und Tai Chi beruhigen den Geist.

Übung:

Bitte beantworte Dir ehrlich die folgenden Fragen auf einem Blatt Papier. Du kannst dabei auch gerne auch ein bisschen malen, z. B. die 3 Kreise aufmalen und Deine Tätigkeiten eintragen.

Wie sieht Dein Leben aus? Was tust Du in den einzelnen Bereichen?
Wo könntest Du mehr tun? ..und wo weniger?

Was erwartest Du, wenn Du dies für Dich umsetzt?

Ein Beispiel aus meinem Leben: Im Ingenieurstudium war es für mich eine gute Denksportaufgabe die Inhalte analytisch zu durchdringen und zu verstehen.

Jedoch fühlte ich mich einseitig, so als ob in meinem Leben noch etwas fehlen würde. So wurde ich ehrenamtlicher Schwimmausbilder beim DLRG. Kindern ab 6 Jahren das Schwimmen beizubringen war ein hervorragendes Kontrastprogramm zum Studium und hat den Kindern und mir einfach viel Spaß gemacht.

Fazit: Es ist gut, wenn alle drei Bereiche Körper, Geist und Seele im Einklang sind.

Erholsamer Schlaf

Leider leiden viele Menschen unter Schlafstörungen. Ohne guten erholsamen Schlaf fehlt aber die lebendige Energie für den neuen Tag.

Kannst Du gut schlafen? Ja, das freut mich für Dich, dann kannst Du dieses Kapitel überspringen.

Falls nicht, mir ging es genauso.

Gedanken aller Art - an die Arbeit, Zukunftsängste, nicht abschalten können usw.- haben mich in so mancher Nacht den Schlaf gekostet. Auch eine zu euphorische Stimmung kann das Einschlafen erheblich verzögern. Doch inzwischen kann ich gut schlafen.

Was hat mir geholfen?

- Ein gutes Gewissen ist ein sanftes Ruhekissen, Volksweisheit
- Nicht bis spät in die Nacht vor dem Computer oder TV sitzen, denn das befeuert sonst die Gedankenflut und lässt Dich erst recht nicht erholsam schlafen. Es gibt natürlich auch Ausnahmen wie bei meiner Frau, ihr macht das nichts aus, sie kann vor dem Fernseher einschlafen. Aber für die meisten ist es nicht zu empfehlen.
- Vor dem Schlafengehen einen Spaziergang machen
- Duschen/ Baden
- Die körperliche Liebe
- Streit beenden und Frieden schließen, vor dem zu Bett gehen, damit Du nichts Negatives in die Nacht und in den neuen Tag mitnimmst.
- Am Tag so viele Dinge abschließen wie möglich
- Meditation, Yoga o. Ä. um die Gedankenflut zu besänf-

tigen, wenn Du anders denkst, kannst Du Dich auch mit anderen beruhigenden und entspannenden Methoden ablenken, z.B. ein Massagebad oder einem guten romantischen Duft. Dazu fällt Dir bestimmt etwas ein, was Dir hilft.

- Schweißtreibender Sport, aber nicht übertreiben, Du musst an Deine Grenzen denken.
- Stell Dir beim Einschlafen einen schönen Moment in Deinem Leben vor, egal ob dieser in der Vergangenheit oder in der Zukunft liegt Ein Beispiel: Ein Tag am Meer. Versuche Dich mit allen Sinnen in diesen Moment hinein zu versetzen. Du siehst den hellen Strand, das türkisfarbene Meer. Du hörst das Flüstern des Windes, wie die Wellen an den Strand schlagen das sanfte Rauschen der Wellen am Strand, lachende Kinder. Du spürst den Wind und die Sandkörner auf Deiner Haut. Du hast noch den Geschmack von dem des Salzwassers in Deinem Mund. Dein Atem ist im Einklang mit den Wellen, die sanft an den Strand branden. Du musst Dir nicht alles genau so vorstellen, wichtig ist, dass Du nicht nur gedanklich, sondern auch emotional beteiligt bist.

Ganz wichtig sind auch die physikalischen Gegebenheiten, Ruhe, Dunkelheit, Temperatur. Dein Bett sollte auch weder zu hart noch zu weich sein. Achte deshalb darauf, dass Du die richtige Matratze verwendest und Dein Lattenrost richtig eingestellt ist.

Versuche mit Schlaftees oder Medikamenten waren bei mir wenig erfolgreich.
Falls es mal nicht so mit dem Schlafen geklappt hat, dann mache Dir deshalb keinen Stress und sorge Dich nicht. Die nächste Nacht kommt bestimmt.

Neue Nacht, guter Schlaf.

Meditation

Wozu Meditation? Um die vielen Gedanken im Kopf zu beruhigen. Gleiches gilt für die Emotionen. Damit Du Dich besser dem widmen kannst was gerade jetzt zu tun ist. Die Meditation hält noch weitere Pluspunkte für Dich bereit, siehe Anhang [102]

Ok, Du sagst jetzt: "Meditation ist nichts für mich" Das verstehe ich nur zu gut, denn ich habe erst im Alter von 53 Jahren mit der Meditation begonnen. Extra für Dich habe ich den Abschnitt "Meditation ohne meditieren" weiter unten geschrieben.

Viele Menschen glauben, Meditation sei Nicht-Denken, das ist falsch. Es ist ein anderer Umgang mit dem Denken und den Emotionen. Du fokussierst Dich ganz einfach auf etwas ganz Einfaches z. B. den Atem
Die Meditation hat mir wirklich geholfen mehr innere Ruhe zu finden und sich auf die wichtigen Dinge im Leben zu fokussieren. Es gibt sehr viele Arten von Meditation. Ich bevorzuge die klas-

sische Variante, die Atemmeditation.

Ich habe mir angewöhnt, einmal am Tag ca. 15 Minuten zu meditieren. Kann auch 3x 5 Minuten sein. Für den Anfang sind 3 Minuten am Tag genug.
Ich setze mich dazu im Schneidersitz auf ein oder zwei Kissen auf den Boden, Ein Stuhl geht auch. Wichtig ist nur, dass die Wirbelsäule gerade ist. Falls Stuhl, bitte nicht anlehnen.
Mache Dir das Einatmen und das Ausatmen bewusst. Forciere das Atmen nicht. Andere Gedanken kommen in dem Kopf. Lass die Gedanken vorbeiziehen wie die Wolken am Himmel. Bei jedem Ausatmen zähle bis 8, beginne dann wieder von Neuem.
Siehe hierzu das Video [103]
Kurze Meditationen kannst Du gut in den Alltag integrieren, selbst wenn Du nur wenig Zeit hast.
Sieh hierzu die Anhänge]103]]104]]105]

Kennst Du Gedanken, wie? „Ich schaffe das nicht", „bin nicht gut genug", „das ist mir zu schwer", "Warum ich?". Solche negativen, wiederkehrenden Gedanken kennen wir alle, besonders Menschen mit Handicaps und nach Schicksalsschlägen. Siehe hierzu auch den Abschnitt: Falsche Fragen, Warum ich?
So spricht der „Monkey Mind"]103]]104] zu uns. Durch die Meditation kann diesen Gedanken zunächst die leidvolle emotionale Anhaftung genommen werden, sozusagen eine "emotionale Wurzelbehandlung", und schließlich verlieren die Gedanken selbst an Bedeutung für Dich. Allerdings dauert es seine Zeit bis die Meditation anfängt richtig zu wirken, bei mir ca. 1 Jahr.
Wann ist ein guter Zeitpunkt, um mit der Meditation anzufangen? Am besten im Urlaub, wenn der Kopf (hoffentlich) frei ist. Hier noch zwei, zugegebenermaßen etwas provokante, Sätze zum Thema Denken:

Glaube nicht alles was Du denkst

unbekannt

Gedanken sind nur Angebote

unbekannt

Ups, das war jetzt ein heftiger Anschlag auf das westliche Denken, ja ich weiß doch Bitte lass dies erst einmal wirken. Den manche Gedanken entsprechen nicht der Realität. Beispiel: Was wir über das andere Geschlecht denken. Alle Männer/Frauen sind so. Reale Personen können sich ganz anders verhalten wie gedacht. Einfach die eigenen Gedanken nicht so ernst nehmen.

Wenn Du ein kompliziertes Problem lösen möchtest dann ist es sehr hilfreich, wenn Du Dich gezielt diesem Problem widmen kannst und Du nicht durch "Monkey Mind" Gedanken abgelenkt wirst.

Um dies anschaulich zu verdeutlichen: Stell Dir vor Du liegst gerade auf dem OP, Dein Blinddarm wird gerade entfernt. In dieser Situation möchtest Du sicher nicht, dass der Chirurg nur daran denkt, ob er die Ledersitze in seinem neuen Porsche in, weiß, beige, braun oder doch lieber in schwarz bestellen möchte (Monkey Mind). Sicher wäre es Dir lieber, der Chirurg wäre ganz im Hier und Jetzt bei Dir und Deinem Blinddarm. Okay, das Beispiel war ein wenig überzogen, kein Chirurg auf der Welt würde sich von seiner verantwortungsvollen Arbeit ablenken lassen...

Meditation ohne meditieren

Der amerikanische Erfolgsautor Tim Ferriss hat für sein Buch "Tools der Titanen" [127] Weltklasse Sportler, Künstler und Unternehmer etc. nach deren Erfolgsgeheimnissen befragt, Tim Ferris kommt dabei zu dem Ergebnis, dass 80% seiner Interviewpartner in irgendeiner Weise meditieren. Die restlichen 20% beschäftigen sich mit Meditation ähnlichen Übungen.

Falls Du zu den 20 % gehörst, was kannst Du tun? Um es noch

einmal zu erwähnen. Es geht hauptsächlich darum, dass Du Dich auf das Hier und Jetzt konzentrieren kannst. Lass sonstige störende Gedanken und Emotionen einfach vorbeiziehen.

Das bewusste und fokussierte Ausführen einfacher alltäglicher Dinge sind in ihrer Wirkung der Meditation ähnlich. Beispiele hierfür sind:

- Geschirr einräumen
- Wäsche zusammenlegen
- Sägearbeiten mit einer Handsäge
- Schwimmen
- Spazierengehen
- Schlittschuh oder Inliner laufen
- Sonstiges

Richte Deine Aufmerksamkeit auf diese Dinge, und vermeide Hektik. Denke nicht an Zeit oder Termine, Du möchtest jetzt auch keine Abläufe rationalisieren. Deiner Fantasie sind keine Grenzen gesetzt, probiere einfach aus was angenehm für Dich ist und Dich ruhiger macht. Dein Tag bietet Dir viele Gelegenheiten diese Übung in Dein Leben zu integrieren.

Ebenso wirken die asiatischen Entspannungstechniken wie Yoga, Tai-Chi oder Qi Gong, Diese Techniken sind mittlerweile so etabliert, dass diese inzwischen in VHS- und Krankenkassen Kursen angeboten werden. Schau doch mal rein, Du tust Deiner Gesundheit etwas Gutes.

Meditation bei dem Höhlen Drama in Thailand

Juli 2018 Das Höhlendrama in Thailand findet für die 12 einge-schlossen Jungs und ihren Trainer ein glückliches Ende, auch wenn ein Taucher bei dieser Aktion sein Leben verlor.

Wie ist es möglich neun Tage eingeschlossen in einer Höhle auf einem Felsen sitzend, ohne Licht und ohne Essen, nur mit dem an der Wand herunterrinnenden Regenwasser zu überstehen, und das noch einigermaßen fröhlich und optimistisch?

Trainer Ekkapol Janthawong entschied sich nach 10 Jahren als buddhistischer Mönch Fußballtrainer zu werden. Nur so konnte er die Jungs zur Meditation anleiten, deren Geist beruhigen und Panik vermeiden.

Siehe:]106] Zeitungsartikel | Mannheimer Morgen | Meditation zur Beruhigung

Yoga, Tai Chi, Qigong

Nur ganz kurz erwähnt, im Web und in Buchläden kannst Du viel zu diesen Themen finden.

In jeder größeren Stadt gibt es Anbieter für die praktischen Übungen.

Werden üblicherweise in Gruppen mit Übungsleiter praktiziert.

Sehr gut um Körper, Geist und Seele zu harmonisieren.

Beispiele]111]]112]]113]

Du kannst auch kleine Bestandteile der Übungen in den Alltag integrieren. In allen drei Beispielen gibt es eine Reihe von Gleichgewichtsübungen. Z.B. auf einem Bein Zähneputzen, es reicht schon, wenn Du einen Fuß nur einen Zentimeter vom Boden anhebst etc.

Probiere einfach mal etwas Neues aus!

Wenn Dir die klassische Meditation wegen dem Sitzen nicht zusagt… Yoga, Qigong oder Tai-Chi sind auch sehr hilfreich und Du darfst Dich auch bewegen.

Ich gehe einmal pro Woche zum Yoga,]107], das tut mir gut.

Nach dem Yoga ist der Pulsschlag sensationell niedrig.

Die Wirbelsäule und die Haltung

Eine gerade Körperhaltung/ Wirbelsäule ist in allen Lebenslagen von Vorteil.

Am besten siehst Du bei alten Menschen was die Körperhaltung ausmacht. Wenn Du Dich an öffentlichen Plätzen befindest, dann achte bitte auf alte Menschen. Sieh Dir die Menschen an, die mit gekrümmtem Rücken unterwegs sind und jene deren Rücken gerade ist. Schau in die Gesichter, welche Menschen wirken auf Dich vitaler? Obwohl das Ergebnis nicht überrascht, sieh Dir dennoch die Gesichter an, um den Unterschied mit eigenen Augen zu sehen.

Gerade Haltung → Ausdauer, Lebensfreude
Krumme Haltung → schnelle Ermüdung; Unwohlsein, z.B. bei Bildschirmarbeit
Denke an die alten Menschen, die Du gesehen hast. Ein Baustein für Deine Vitalität, jetzt und im Alter.

Ganz wichtig, wenn schon sitzen, dann richtig. Im Web gibt es hierzu reichlich Infomaterial. Ein zufällig ausgewählter Link.]108]
Zum Thema Rücken kannst Du Dir hier eine]109] Broschüre der AOK bestellen.
Deshalb immer auf die Körperhaltung, auch im Stehen und Laufen achten. Natürlich darfst Du auch mal durchhängen.

| Haltung bewahren | Damit Du die gerade Haltung nicht vergisst, am besten ein paar Post-it zuhause oder am Arbeitsplatz anbringen, zur Erinnerung |

Spaziergänge

„Probleme kann man niemals mit derselben Denkweise lösen, durch die sie entstanden sind"

Albert Einstein *1879 †1955

Zu viel Sitzen ist schädlich für die Gesundheit. Dies bestätigt sogar die Ärzte Zeitung vom 12.02.2015. Beim Dauersitzen steigt das Risiko für Herzerkrankungen, Krebs, Diabetes und den frühen Tod [111b]

Dafür ist unser Körper aber nicht gebaut! Unser Körper ist ein Bewegungsapparat, ja auch Dein Körper.

Ein Spaziergang ist eine gute Möglichkeit, um Gedankenflut, negative Gedanken oder negative Emotionen zu besänftigen. Idealerweise in einem Wald. Am Meer, Fluss ist natürlich auch gut. Eigentlich ist ein Spaziergang auch eine Form der Meditation, sofern es Dir gelingt Deine Aufmerksamkeit auf die Umgebung und Dein Befinden auszurichten und die Alltagsprobleme weniger zu beachten.

Du musst ja eh auf den Weg achten, um nicht gegen Bäume, Schilder, andere Fußgänger oder Radfahrer zu laufen. Nein das passiert Dir nicht... Nein und Du läufst auch nicht in Hundehaufen...?

Nimm mit allen Sinnen das Hier und Jetzt wahr. Du siehst die Bäume, Blumen, spielende Kinder, Du riechst den Duft des Waldes, Du hörst das Singen der Vögel, das Lachen der Kinder oder die Musik aus Deinem Handy.
Du schwingst mit Deinen Schritten die Arme hin und her. Die Wirbelsäule schwingt mit.
Das machst Du? Super Gratulation!
Was Du denkst immer noch ans Geschäft oder ans Einkaufen?

Dann achte auf Deinen Gang.

Ist die Schrittlänge angenehm? Ist die Schrittgeschwindigkeit angenehm?

Falls nicht, solange variieren bis das Laufen angenehm für Dich wird.

Dann noch auf die Atmung achten, kennst Du noch die Videos]103]]104]?

Jetzt solltest Du wirklich im Hier und Jetzt angekommen sein. Du hast Dich für einen Spaziergang entschieden, um abzuschalten und neue Energie zu tanken. Alles was Dich sonst noch beschäftigt hat... "Jetzt einfach mal Pause"... Es reicht doch voll und ganz, wenn Du die Welt eine halbe Stunde später rettest.

Ein Waldspaziergang eignet sich auch hervorragend für die Gespräche zu zweit.

Bei meinem letzten Job war ich so frei, um in der Mittagspause eine Runde durch die Fußgängerzone zu drehen. Die Firma lag unweit der Fußgängerzone, wofür ich sehr dankbar war.

Auf Asphalt kannst Du, entsprechendes Schuhwerk vorausgesetzt, auf die Geräusche achten, die Du beim Laufen machst.
Nein, ich trage keine High Heels, selbst wenn es gelbe High Heels in Größe 44 gäbe.

Jetzt wirst Du vielleicht denken "Warum so einen großen Aufwand wegen des Spazierengehens machen?"
Die Bewegung tut gut, um die Aufmerksamkeit in das Hier und Jetzt zu lenken und hilft quälende Gedanken ruhen zu lassen.

Nach dem letzten Urlaub waren beide Ohren entzündet! Der Ohrenarzt legte mir in Medizin getränkte Streifen in die Ohren. Mit anderen Worten, ich war für ein paar Tage taub, auch eine interessante Erfahrung.

In diesem Zustand habe ich beim Laufen den Körperschall wahrgenommen, bei jedem Aufsetzen der Ferse hat es meine Knochen ganz schön durchgerüttelt oder auch nicht. Inzwischen höre ich für einen ehemaligen Hard Rock Freak (nein nicht Heavy Metal) wieder ganz gut. Die Wahrnehmung des Körperschalls ist mir geblieben. Also den Fuß möglichst sanft aufsetzen, Deine Knochen danken es Dir.

Je mehr Du solche Spaziergänge unternimmst, umso weniger werden die quälenden Gedanken und Emotionen. Meditation, Yoga etc. sind hierzu ebenfalls sehr hilfreich.
Du stellst fest: Ein Leben ohne quälende Gedanken geht, es ist sogar viel schöner.
Es ist absolut gut drängende Probleme für einige Zeit ruhen zu lassen, neue Energie zu tanken und frisch durchzustarten. So sind mir schon oft beim Spaziergehen die besten Lösungen eingefallen, deshalb das Einstein Zitat am Anfang des Abschnitts.

Das Schöne sehen

Egal wo Du gehst und stehst, versuche doch etwas Schönes zu entdecken. Es kann eine Blume am Wegesrand sein. Du kannst noch so oft durch eine Straße gehen, mit offenen Augen, Herz und Hirn wirst Du immer wieder neue Details entdecken. Los freu Dich wenn Du solch ein Detail entdeckt hast! An der Kasse im Supermarkt, jemand hat eine lustige Tasche dabei, ein lustiges T-Shirt. Klar das Warten nervt erst mal, doch wenn Du die Leute und die Sachen um Dich herum betrachtest bist Du erst mal beschäftigt. Bei längeren Schlangen kannst Du z. B. einen Fuß um einen Zentimeter anheben um Dich in der Balance zu üben, eine Übung die niemandem auffallen wird und einiges an Konzentration verlangt.

Egal wo Du gehst, stehst oder sitzt, schau Dich um, es gibt viel Schönes und Interessantes zu sehen.

Es ist eine Kunst in der vertrauten Umgebung das Schöne zu sehen, in der Fremde bist Du sowieso von den vielen neuen Eindrücken überwältigt. Es wird Deiner Seele gut tun, immer wieder kleine schöne Dinge im Alltag zu erkennen. Übung macht den Meister! Jedes Mauerblümchen hilft.

Dich mit schönen Bildern umgeben

Auf Deinem Smartphone, auf Deinem Computer als Hintergrundbild, an den Wänden, auf Deinem Schreibtisch.
Fotos oder Bilder, die in positiver Weise das zeigen, was Dir Freude bereitet... wo Du gerne hin möchtest oder auch schöne Erinnerungen. Es können eigene Bilder oder Fotos sein... von Freunden, aus der Familie... aus den Medien. Falls Du materielle Ziele wie ein bestimmtes Auto oder ein bestimmtes Haus hast, umgebe Dich mit Bildern von diesen Dingen.
Wichtig ist, dass Du Dich mit diesen Bildern wohl fühlst. So nimmst Du ständig positive Gedanken in Dir auf.

Musik

Musik hören tut gut, Musik machen ebenso. „For every feeling is a song" heißt es in einem Liedtext von „Barclay James Harvest"
Musik kann beruhigen, aufputschen und noch vieles mehr.
Siehe]114]
Ich empfehle eine „musikalische Hausapotheke" zusammenzustellen.

- Ruhige Musik zum Entspannen, wenn der Tag mal wieder hektisch war.
- Fröhliche Musik, wenn Du einen Zustand der Traurigkeit verlassen möchtest.
- Aufbauende Musik, wenn Du müde bist und noch ein bisschen Energie haben willst.

Wichtig ist, dass Du Dir die Titel zusammenstellst, die Dir gefallen.
Mit den heutigen Smartphones lassen sich entsprechende Playlists erstellen.
Du kannst Dir auch Übergänge schaffen. Ich meine damit eine Playlist zusammenstellen, die z.B. mit trauriger Musik beginnt

und immer fröhlicher wird. Um Dich in traurigen Momenten abzuholen und zur Fröhlichkeit zu führen.

Es mag auch aphone Menschen geben, die keinen Sinn für Musik haben. Dennoch hoffe Ich, dass Du Dich wie die meisten Menschen durch Musik positiv stimulieren kannst.

Tanzen

Ist es Dir schon einmal aufgefallen? Das kleine Kinder beginnen zu tanzen, wenn irgendwo Musik gespielt wird. Achte mal darauf beim nächsten Fest.
Tanzen ist den meisten von uns in die Wiege gelegt. Ob allein, zu zweit oder in der Gruppe. Beim Tanzen werden jede Menge Glückshormone ausgeschüttet, die Dir guttun.
Tanzen kannst Du auch bei der Hausarbeit. Kannst Du auch das Geräusch des Staubsaugers nicht leiden? Dann „AC/DC" oder so rein in die Stereoanlage und ab gehts im Takt. Oder warum nicht beschwingt aufräumen, Staubwischen zu Walzermusik, danach ist die Wohnung staubfrei und Dir geht es auch besser.
Lass Dir was einfallen. Einfach tägliche Verrichtungen mit etwas mehr Schwung erledigen, da kommt Freude auf. Warum nicht mit einer eleganten Bewegung in Dein Auto gleiten und sich nicht wie ein nasser Sack hinein plumpsen lassen. Sei kreativ. So kannst Du Hormone aktivieren und ein bisschen Dein Glücksgefühl steigern. Bei kleinen alltäglichen Dingen, **alles beginnt im Kleinen.**

Zärtlichkeit. körperliche Liebe

Sehr wichtig, es gibt schon genug Medien hierzu, da brauch ich eigentlich nichts hinzufügen. Über das Thema lässt sich leicht ein weiteres Buch schreiben, doch es wäre das 5 Millionste zu diesem Thema.

Es ist wie „man" so schön sagt „Das Salz in der Suppe" Oder wie es in einem Lied der Band „Die Ärzte" heißt: „Hier kannst Du Hormone bei der Arbeit sehen."

Wenn Du gerade niemanden hast der Dich streichelt, geh einfach zur Thai Massage, egal ob Du Männlein oder Weiblein bist. Allein die herzliche, fröhliche unbekümmerte Art der Thailänder ist schon eine Wohltat. Gerade Bildschirmarbeitern tut eine Rückenmaßsage gut. Die ursprüngliche Thaimassage ist recht robust. Wenn Du es sanfter haben möchtest, sag es einfach.

Außerdem kann ich die Fußmassage empfehlen, danach läufst Du wie auf Wolken.

Auch hier gilt, probiere öfter mal was Neues!

Vertrauen

Urvertrauen laut Duden: Aus der engen Mutter-Kind-Beziehung im Säuglingsalter hervorgegangenes natürliches Vertrauen des Menschen zu seiner Umwelt.

Vermutlich ist das Urvertrauen bei so manchem durch allerlei Art von Zweifeln angekratzt.

Ein buddhistisches Gleichnis beschreibt den menschlichen Geist als Wasser. Das Wasser ist durch schlechte Erfahrungen, negative Gedanken getrübt. Durch Meditation und guten Gedanken wird klares Wasser hinzugefügt, das Denken wird klarer.

Bitte versuche negative Einflüsse z.B. TV Nachrichten zu minimieren und positive Einflüsse zu maximieren. Zum Beispiel Gespräche mit positiven Menschen, spielen mit Kindern, positive Bücher, Videos und Musik etc. Sowie positive Erfahrungen und Erfolge. Wenn Du ständig Gedanken der Art „Alles ist schei*e",

„Nützt doch eh nichts", "Ich kann doch eh nichts machen" hast wird es Dir schwer fallen im Leben voranzukommen. Du siehst dann vor allem die negative Seite des Lebens. Vom Urvertrauen bleibt dann nur wenig übrig.

Dann kann die folgende Übung helfen.
Schreibe Dir diese negativen Gedanken auf, sei ehrlich zu Dir. Du musst das ja niemand zeigen.
Dann schreibe auf, welche Vorteile Dir diese Gedanken bringen.
Dann schreibe auf welche Nachteile Dir diese Gedanken bringen.
Vertrauen zu Dir selbst. in das Leben und Deine Umgebung ist wichtig, sehr wichtig für ein erfülltes Leben. Du bestimmst selbst, wem Du vertraust. Das kann auch mal schief gehen. Lass Dich nicht beirren. Voller Misstrauen durch das Leben zu gehen ist wirklich keine Alternative. Lass Dich nicht durch falsche Worte und durch gespieltes Auftreten blenden, halte Dich mit Deinem Wunschdenken zurück. Entscheide mit Herz und Hirn. „An den Taten sollt Ihr sie erkennen" steht schon in der Bibel.
Wenn Menschen Vertrauen zu Dir haben, enttäusche sie nicht.
Verlorenes Vertrauen lässt sich nur sehr schwer wieder aufbauen

Lächeln und Lachen

In unseren Breiten ist das Lächeln eher ungewöhnlich. In Asien ist das anders, Thailand z.B. wird auch „Das Land des Lächelns" genannt. Dort begegnest Du recht oft, vor allem beim Einkaufen, dem bezaubernden Lächeln der Thailänder. Lächeln sorgt dafür, dass Spannungen abgebaut werden oder erst gar nicht entstehen.
Lächeln heißt auch „Zähne zeigen", Dein Gegenüber gibt Dir zu verstehen, dass er/ sie mühelos jede Situation meistert. Deshalb trau Dich zu Lächeln, es tut Dir und Deiner Umwelt gut, denn der Körper schüttet beim Lächeln Glückshormone aus.
Lächeln ist gesund, siehe]115]
Lachen ist ebenfalls gesund,]116] also trau Dich und lach mal

wieder. Mit ein bisschen Übung kannst Du andere zum Lachen bringen.

Übung:
Suche Dir einen Tag aus. Werde Dir bewusst wie oft Du lächelst.
Wie oft lächeln Dich andere Menschen an.
Wie oft lachst Du?
Wie oft bringst Du andere Menschen zum Lachen?
Schreibe die Ergebnisse in Dein Tagebuch.
Wiederhole die Übung an einem anderen Tag.

Selbstwertgefühl und Selbstvertrauen

Selbstwert: Das Bewusstsein des eigenen Wertes. [Duden.de]
Oft ist in der westlichen Welt das Selbstwertgefühl an den beruflichen Erfolg gekoppelt.
Selbstvertrauen: jemandes Vertrauen in die eigenen Kräfte, Fähigkeiten [Duden.de]
Siehe Anhänge]117]]118]
Die folgende **Übung** war für mich sehr wertvoll.
Stell Dich morgens und abends vor den Spiegel und sage Dir „Ich bin gut so wie ich bin" und dass ein... zwei Monate lang.
Quelle]119] Video von Danny Adams.
Inzwischen habe ich den Satz etwas modifiziert, da mach ich doch gleich ein Post-it draus.

Ich bin ok so wie ich bin
und
die anderen auch

Quelle:]120] Buch: „Endlich läuft der Laden" von Wolfgang Allgäuer
Nach meiner Beobachtung sind viele Deutsche in Sachen Selbst-

wertgefühl und Selbstbewusstsein nicht so gut aufgestellt wie andere Nationen, Ausnahmen mögen die Regel bestätigen. Liegt evtl. daran, dass wir schon als Kinder so oft gesagt bekommen, was wir nicht richtig machen und nicht können. Das habe ich bei unserer thailändischen Enkeltochter noch nicht mitbekommen.

Das Gute ist, selbst wenn es Dir gerade unmöglich erscheint, es ist jederzeit möglich Dein Selbstvertrauen und Dein Selbstwertgefühl enorm zu steigern und auf ein gutes Niveau zu bringen.

Ich bin selbst der beste Beweis hierfür. Wie sonst hätte ich das alles erreichen können, was ich erreicht habe. Als Hauptschüler, kurzsichtig, mit schwerbehindertem Bruder aufgewachsen und noch dazu Legastheniker, seit 1999 mit Glasauge, das waren nicht die besten Voraussetzungen für gesundes Selbstbewusstsein und Selbstvertrauen, doch ich habe es geschafft, genau wie ich in diesem Buch mitteile.

Unser Denken

Wie wir über uns selbst, unsere Mitmenschen und die Welt in der wir leben denken, das beeinflusst ganz entscheidend die Qualität unseres Lebens. Lass Dich deshalb nicht durch ein voreiliges "klappt ja doch nicht" davon abhalten, sondern setz Deine Ziele lieber hoch an.

Es ist unsere Entscheidung wie wir denken.

Stell Dir vor Du möchtest gerne Gitarre spielen. Du kannst zu Dir sagen, ich habe zwei linke Hände, das schaffe ich eh nicht oder Du sagst Dir okay das mach ich und siehst Dich im Geiste Deinen Lieblingssong spielen.

Negative Gedanken, siehe Teil 2 : "Roads to hell""

Hier und jetzt

Auch die Angewohnheit die Gedanken ständig in die Vergangenheit, die Zukunft oder andere Orte abschweifen zu lassen macht es schwierig in der Gegenwart glücklich zu sein.
Die Thai und andere Asiaten leben viel mehr und gelassener im Hier und jetzt.
..und noch ein Post-It:

```
Lebe im Hier
     und
   im Jetzt
```

Das bedeutet ja nicht, dass Du planlos gackernd wie ein Huhn durch Dein Leben laufen sollst. Nein, setz Dich ab und zu hin und plane Dein Leben und halte Deinen Lebensplan unbedingt schriftlich fest.

Die Vergangenheit lässt sich nicht mehr ändern und die Zukunft ist noch nicht da. Dein Leben findet im Hier und im Jetzt statt.

Einfach das was Du gerade tust mit voller Aufmerksamkeit tun. Das erwartet jeder Arbeitgeber oder Kunde von Dir. Auch Deine Frau erwartet Deine ungeteilte Aufmerksamkeit, wenn sie mit Dir spricht.

Hierzu die:

Zen Weisheit vom Glücklich sein

Ein Mann wurde einmal gefragt,
warum er trotz seiner vielen Beschäftigungen immer so glücklich sein könne.
Er sagte:
„Wenn ich stehe, dann stehe ich,
wenn ich gehe, dann gehe ich,
wenn ich sitze, dann sitze ich,
wenn ich esse, dann esse ich,
wenn ich liebe, dann liebe ich ..."
Dann fielen ihm die Fragesteller ins Wort und sagten:
„Das tun wir auch, aber was machst Du darüber hinaus?"
Er sagte wiederum:
„Wenn ich stehe, dann stehe ich,
wenn ich gehe, dann gehe ich,
wenn ich ..."
Wieder sagten die Leute:
„Aber das tun wir doch auch!"
Er aber sagte zu ihnen:
„Nein –
wenn ihr sitzt, dann steht ihr schon,
wenn ihr steht, dann lauft ihr schon,
wenn ihr lauft, dann seid ihr schon am Ziel.

Diese Weisheit lässt sich gut in die Praxis umsetzen. Einfache Arbeiten erledigen und sich völlig auf diese fokussieren.

Übungsbeispiele:

- Den Wäschetrockner ausräumen und die Wäsche Stück für Stück zusammenlegen und einräumen.
- Mit einer Handsäge Äste oder Ähnliches absägen. Sind Deine Gedanken woanders wird sich das Sägeblatt verhaken. Ist auf jeden Fall bei mir so.

- Aufräumen, einfach mit dem ersten besten Stück anfangen, Dann das nächste und so weiter Einfach machen, nicht so viel rationalisieren wollen.
- Mit dem Smartphone eine Nachricht schreiben. Falls Du solche Gedanken hast wie „Das Display ist zu klein"... „Meine Finger sind zu groß"... Ich bin dafür zu alt", dann lass diese Gedanken einfach liegen und beachte sie nicht weiter. Kreiere Deinen Text einfach Satz für Satz, Wort für Wort im Geiste. Tippe Buchstabe für Buchstabe den Text ein. Du machst es auf Anhieb richtig, freust Dich über jedes gelungene Wort. Falls Du doch etwas korrigieren musst, dann tu dies einfach ohne Dich zu ärgern „Be Calm". Mit etwas Übung wirst Du immer schneller schreiben können, ohne Dir selbst Zeitdruck zu machen, gerade die Abwesenheit von Zeitdruck vermindert, dass lästige Vertippen. Gerne kannst Du auch die Wortvorschläge Deines Smartphones benutzen.
- Oder beim Essen. Sich einfach nur auf das Essen konzentrieren. Auf Messer und Gabel, Löffel... keine Gespräche über unangenehme Themen... in der Mittagspause die Arbeit ruhen lassen. Die fortgeschrittenen "Helden" der Tafel verlassen diese selbst in weißen Hemden fleckenfrei.
- An der Supermarktkasse, fokussiert Deine Sachen einpacken, während die Kassiererin Dein Geld zählt.

Setz Dich bei den Übungen nicht unter Zeitdruck. Fokussiere Dich auf Deine Handbewegungen etc.,. **Denke nicht an die Zeit.** Mit etwas Übung wirst Du dennoch immer schneller und schneller und erreichst Dein Maximum.

Je mehr es Dir gelingt, Dich dem Hier und Jetzt zu widmen, ohne die Gedanken an dieses und jenes abschweifen zu lassen, umso besser wirst Du Deine Aufgaben erfüllen können. Es werden Dir weniger Fehler passieren und es wird immer mehr Tage in

Deinem Leben geben, an denen Du abends munter nach Hause kommst und Dich den schönen Dingen des Lebens widmen kannst, weil Du Dich wieder freuen kannst.

Ich weiß aus eigener Erfahrung, dass dieser Punkt für einen Menschen, der in unserer westlichen Kultur aufgewachsen ist, schon ein wenig fremd, aber dennoch sehr hilfreich ist.

Sei flexibel

Jahrhunderte lang glaubten die Menschen, dass sich die Sonne um die Erde dreht. Dies wurde von Nikolaus Kopernikus (1473-1543), Galileo Galilei (1564-1642) und Johannes Kepler (1571-1630) widerlegt. Gegen den Widerstand der Kleriker.

Kutschen brauchten seit Menschengedenken Pferde. Doch im August 1888 fuhr die beherzte Bertha Benz mit einer Kutsche ohne Pferde von Mannheim nach Pforzheim, 108 km. Eine Weltpremiere. Wie mögen die Zeitgenossen geschaut haben, als dieses knatternde Gefährt an ihnen vorbeifuhr?
Als 1989 die Mauer in Berlin fiel, konnten dies viele nicht glauben, dennoch war es so.
Worauf ich hinaus will. Auch wenn Du meinst, etwas ganz genau zu wissen, kann sich dieses (muss nicht) als falsch oder nur teilweise richtig herausstellen. Urteile über andere Personen, können sich als falsch oder nicht ganz richtig herausstellen. Bitte bleib flexibel in Deinem Geist... hör erst mal zu, ohne zu bewerten. Vielleicht liegen die Dinge doch anders als Du bislang angenommen hast.

Fokussiere Dich auf das was Du hast, nicht auf das was fehlt

In meinem Fall. Ich fokussiere mich auf das, was ich noch sehe und freue mich darüber. Würde ich ständig an meine Sehschwäche denken, dann würde mich das sehr viel Energie kosten.

In der Schule wurde ich als „Legastheniker" [125] eingestuft. Jetzt schreibe ich dieses Buch. Ich denke nicht mehr an diese Einstufung und schreibe einfach los.

Egal welches Handicap Du hast, fokussiere Dich auf das, was Du tun kannst und nicht auf die Einschränkung durch Dein Handicap. Sonst hol Dir professionelle Hilfe und setz es dann um.

Verständnis für das Unverständnis anderer

Das sah in meinem Fall so aus. Manchmal haben mich Kollegen an ihren Bildschirm gebeten, um gemeinsam Themen durchzugehen. Manche Kollegen haben ihre Fenster auf eine größere Schrift umgestellt, damit ich diese besser lesen konnte. Anderen Kollegen war dies selbst nach Nachfrage und der Erklärung wie man die Schriftgröße umstellt nicht möglich, es wäre zu viel Aufwand gewesen. So blieb ich in dieser Situation in einer Yoga ähnlichen Haltung mit gestrecktem Oberkörper um das Auge ganz nah an den Bildschirm zu bringen.

Anfangs war ich noch im Groll gegen diese (wenigen) Kollegen. Doch mit der Zeit wuchs die Einsicht, dass diese Kollegen meine Situation nicht kannten und somit kein Verständnis dafür hatten. So beschloss ich, dieses Unverständnis hinzunehmen und somit keinen inneren Groll entstehen zu lassen. "Ok, die sind halt so."

Danach lief die Arbeit viel einfacher.

Kommunikation

Da wir nicht alleine auf der Welt sind, ist es lebenswichtig zu kommunizieren.

Wichtig ist was bei dem anderen ankommt. Jeder Mensch hat seine Sicht auf die Dinge.

Eine Geschichte soll die Bedeutung der Kommunikation und die unterschiedliche Wahrnehmung auf die Dinge verdeutlichen.

Das Gleichnis von den 5 blinden Mönchen

In einem Kloster lebten einst 5 blinde Mönche. Eines Tages kam ein Elefantenführer mit seinem Elefant in das Kloster.

Der Abt sprach zu seinen 5 blinden Mönchen: „Geht zu dem Elefant und beschreibt das Tier"

Der erste Mönch tastete den Rüssel ab und beschrieb den Rüssel.

Der zweite beschrieb den Stoßzahn.

Der dritte ein Bein.

Der vierte den Schwanz.

Der fünfte den Bauch.

Der Abt sprach: „Ihr habt alle recht, doch Ihr seht nur Teile des Elefanten. Wir sind alle wie ihr blinden Mönche, Jeder sieht nur einen Teil der Wirklichkeit, nur wenn wir miteinander sprechen, können wir die gesamte Wirklichkeit erfassen."

Wir können alle voneinander lernen, Junge von Alten, Alte von Jungen. Neulinge von Erfahrenen, Erfahrene von Neulingen. Männer von Frauen, Frauen von Männern usw.

Gleiches gilt auch über Ländergrenzen hinweg. ich weiß worüber ich schreibe, da ich mit einer Thai verheiratet bin und mit Ingenieuren und Softwareentwicklern auf der ganzen Welt zusammengearbeitet habe. Ich konnte stets die anderen Sichtweisen als Bereicherung empfunden.

Es wäre sehr schön, wenn sich unser gesamtes globales Zusammenleben auch so erfreulich entwickeln würde.

Um gemeinsam etwas zu erreichen, ist es notwendig zu kommunizieren und das kann auch noch Spaß machen.

Viele Software Projekte werden durch „Communities" getragen. Solche Communities gibt es in Firmen und im WWW. Der bekannte Browser „Firefox" wird von vielen ehrenamtlichen Programmierern auf der ganzen Welt vorangebracht. Auch das alternative Betriebssystem „Linux" wird von vielen ehrenamtlichen Entwicklern vorangetrieben. Die Projekte sind zu groß für einen Einzelnen. Die Software Projekte beweisen, dass viele Menschen rund um den Globus zusammenarbeiten und gemeinsam etwas Sinnvolles erschaffen können.

Deine Sprache

Deine Wortwahl verrät viel über Dich. Oft benutzen wir Sätze, die viel zu negativ sind,
z.B. „Gar nicht so schlecht"... „Gar nicht so dumm"... diese und weitere Beispiele beschreibt die Anlage]121].
Benutzt Du auch solche Redewendungen? Damit kannst Du Dich und andere runterziehen, ohne es zu wollen.
Besser, Du wählst stattdessen die positive Formulierung: „Das ist gut"... „Das ist schlau"

Übung: Achte darauf! Formuliere positiv! Behalte dies im Hinterkopf. Wenn Du möchtest kannst Du eine Strichliste führen wie oft Du positive oder negative Formulierungen benutzt.
Am besten an einem Tag in der Woche, um den Fortschritt zu sehen.

Doch nicht nur Deine Worte, auch Deine Mimik, Gestik und die gesamte Körpersprache wird von Deinem Gegenüber während eines direkten persönlichen Gesprächs wahrgenommen.

Deine Wörter und Deine Rucksäcke

Ich lade Dich zu einem kleinen Gedankenexperiment ein.
Stell Dir einmal vor, dass es zu jedem Wort einen Rucksack gibt.
Für die deutsche Sprache gibt es den Duden, hier ist die Bedeutung der Worte beschrieben. Lege bitte für jedes Wort die Bedeutung in den Rucksack.
Jeder Mensch trägt für jedes Wort seinen imaginären Rucksack.
In diesen Rucksäcken sammelt sich alles, was dieser Mensch im Laufe seines Lebens mit diesem Wort verbindet, auch Emotionen, gerade Emotionen. Für Wörter wie Bleistift, Schublade, Stuhl usw. ist das kein Problem.
Doch wenn es um Worte wie Liebe, Gott oder Geld geht, können die Rucksäcke sehr unterschiedlich gefüllt sein. Ein Potential für Konflikte. Deshalb hier ruhig Blut, Toleranz und darüber sprechen womit die Rucksäcke gefüllt sind.
Missverständnisse, ja bei banalen Worten kann es vorkommen, dass zwei Menschen einen vollkommen unterschiedlichen Inhalt in ihren Rucksäcken tragen... der Inhalt ist für jeden ganz selbstverständlich. Jeder denkt nun, dass der andere ebenfalls den gleichen Inhalt mit sich führt. Nein mein Freund... das ist nicht so.
Hier hilft nur das Offenlegen der Rucksäcke und die Einigung wie man gemeinsam weitergehen möchte.

Diese Wörter bitte nur sehr überlegt einsetzen.

Ich möchte Dir nichts verbieten oder vorschreiben, schließlich soll jeder reden "Wie einem der Schnabel gewachsen ist". Allerdings sind manche Worte eher unvorteilhaft in der Kommunikation und für Dein Denken. Bitte prüfe sorgfältig was für Dich zutrifft.

Benutzt Du oft **Schimpfwörter, Fäkalausdrücke** wie sch** oder so?
Dann hast Du vielleicht innerlich viel Ärger angesammelt. Wenn ja, ist das gar nicht gut für Deine Gesundheit voller Ärger zu sein, jedenfalls wenn dies dauerhaft ist. Vorsicht! Du kannst Dich auch selbst in Rage reden.
Der Volksmund sagt ja „dem Ärger Luft machen", „Nicht jedes Wort auf die Goldwaage legen".
Es ist okay, wenn Du Dir beim Handwerken auf den Daumen klopfst und Dir spontan ein „Sch**" entfährt.
Wie anfangen? Einfach auf Deine Wortwahl achten. Kommt das Wort sch** oft vor?
Übung: Versuche einfach den Satz ohne das Wort sch** oder Ähnliches zu formen.

wenn
Das „Wenn" ist eine Bedingung. Ist bei Computerprogrammen unverzichtbar, doch im richtigen Leben oft hinderlich, da es sehr leicht passieren kann, im „Wenn" zu verbleiben.
Beispiel: „Wenn ich die Liebe meines Lebens gefunden habe, dann bin ich glücklich"

FALSCH, falscher geht es nicht. Wie kannst Du jemand anziehen, wenn Du traurig und frustriert durch das Leben läufst. Warte nicht mit dem Glücklich sein bis irgendwann. Glücklich ´sein ist eine Entscheidung. In diesem Buch geht es um nichts anderes.

Glückliche Menschen ziehen viel leichter andere Menschen an. Lerne im Hier und Jetzt glücklich zu sein. Damit meine ich nicht ständig wie ein Honigkuchenpferd grinsend durch die Gegend zu laufen. Ich meine damit das Deine überwiegende Grundstimmung freudig ist.

muss

Das Unwort, das Mantra meiner Kindheit. Ständig Du musst dies, Du musst das.
Hinter dem Wort „muss" steckt Zwang und Zwang ist immer schlecht. Egal ob wir durch andere zu etwas gezwungen werden oder wir uns selbst zwingen.
Besser sind Denkmuster wie „Ich werde...", „Ich entscheide mich für..", „Ich möchte". Mir ist es lieber wenn ich mich frei zu etwas entscheiden kann.
Damit kommst Du mental einen kleinen Schritt voran... vom gezwungenen zum selbstbestimmten Handeln.
Siehe hierzu]122] von der wunderbaren Daliah Lavi, es ist positiver als der Titel denken lässt.

Ja ..aber

siehe]123]
Ja ..., aber... Damit fühlt sich Dein Gesprächspartner verschaukelt. Zurecht... zuerst bestätigst Du den Gesprächspartner mit einem „Ja"... doch dann kommt das „aber" eine (teilweise) Verneinung.
Besser negative Kritik zuerst in annehmbarer jedoch verständlicher Weise ansprechen, danach das positive Lob. Damit fährst Du besser.

Absolutismen sparsam verwenden.

Worte wie immer, nie, niemals, alle, alles etc. können das Denken einseitig werden lassen und laden zum Verkrampfen und sich

Verrennen ein. Was ist schon wirklich absolut im Leben? Es kommt immer darauf an. Die Absolutismen nicht ganz so ernst nehmen, ist auch eine Variante.
So ist der Satz „Alle Wege führen nach Rom" schlichtweg falsch.

> Du bist gerade zu spät zur Arbeit gekommen. Dein Chef mault Dich an: „Sie kommen immer zu spät"... dabei war es erst das zweite Mal in 6 Monaten. Also kommst Du doch relativ selten zu spät. Wie fühlt sich das Wort „immer" an?

Präzise oder prägnant

Der Volksmund sagt „Wenn der Fuchs ned gschisse hed, hedder de Has griggt"
Auf hochdeutsch in etwa: „Wenn der Fuchs nicht mit der Verrichtung seines großen Geschäftes beschäftigt gewesen wäre, hatte er den Hasen bekommen"
Bei dem Beispiel ist auch der Unterschied zwischen prägnant (Volksmund) und präzise (Hochdeutsch) sichtbar.
Für den normalen verbalen Sprachgebrauch fährst Du mit prägnant besser. Etwas kurz und treffend formulieren. Bei juristischen, medizinischen, technischen usw. Texten solltest Du natürlich präzise sein.

Der Ton macht die Musik

„Der Ton macht die Musik" eine sehr prägnante umgangssprachliche Redewendung.
Wie jemand Dich anspricht, ist oft wichtiger als die Worte selbst.
Normalerweise unterhalten wir uns in einem freundschaftlichen, moderaten Ton mit unseren Mitmenschen, manchmal angeregt,

manchmal gedämpft, je nach der aktuellen Situation.

Falls Du Führungskraft bei einer militärischen oder paramilitärischen Organisation bist, dann sprichst Du zu Deiner Truppe in der Befehlsform, lateinisch dem Imperativ. Im Verkauf wäre der Imperativ unangemessen, außer vielleicht in einem Geschäft für Militärartikel.

Wenn sich Motorradfahrer über ihre Fahrzeuge unterhalten, wird der Ton schwärmerisch. Dies ist auch bei frisch Verliebten so, lässt aber im Laufe der Jahre manchmal etwas nach.

Kurzum, wenn Du mit jemandem sprichst, dann ist es wichtig, was bei dem anderen ankommt. Die richtigen Worte zu finden, ist schon sehr gut. Ganz sicher findest Du ohne große Überlegung den richtigen Ton, der bei Deinem Gesprächspartner am besten ankommt. Dann ergeben sich auch erfreuliche Gespräche.

Aussprache, Stimmlage

Deine Stimme ist Dein Markenzeichen, Deine Stimme ist so einzigartig wie Deine Fingerabdrücke, wie Du selbst. Ist Deine Stimme angenehm, hören Dir die Menschen lieber zu. Ja, ich erhalte sogar Komplimente von der Damenwelt, die meine tiefe Stimme angenehm finden.

Im Prinzip gibt es drei Stimmlagen.

- Kopfstimme (klingt schrill, das mag niemand gerne hören)
- Bruststimme (nicht ganz so schrill, immer noch unangenehm)
- Bauchstimme (klingt am angenehmsten, warme tiefe Töne, für Zuhörer angenehm)

Ein ehemaliger Kollege, mindestens 1,80 Meter groß, das Gewicht schon etwas im dreistelligen Bereich, kurzum ein Kerl wie ein Bär, spricht oft mit der hohen Kopfstimme, die so gar nicht zu seiner Erscheinung passt.

Das alles und mehr in diesem Video]124] auch hier ist die Körperhaltung wichtig.

Du möchtest das lernen? Mach es so wie wir:
Ein guter Freund meinte, dass ein Phonetik Kurs in der Volkshochschule hilfreich sei...

...und tatsächlich konnten wir eher introvertierte und maulfaule Computerfreaks unsere Aussprache enorm verbessern.

Eine echte Schauspielerin leitete diesen Kurs mit einer solchen mitreißenden Leidenschaft, dass wir jede Sprechübung mit Eifer absolvierten.
So lernten wir eine gänzlich andere Welt kennen, wieder einmal der Blick über den Tellerrand. Es ging auch darum, bewusst die einzelnen Buchstaben zu betonen.

Wie fesselst Du Deine Zuhörer?

Was sind die schlimmsten Fehler, die Du beim Sprechen machen kannst?
Nuscheln, undeutlich, zu leise, zu laut, zu monoton Sprechen und Worte verwenden, die der andere nicht kennt.

Deshalb sei gerade heraus beim Sprechen im Hier und Jetzt, nutze die Möglichkeiten Deines Stimmapparates. Spreche dynamisch, also mal laut, mal leise, mal schnell, mal langsam und dann wieder alles normal. Das Ganze muss natürlich der Gesprächssituation angepasst sein. Eine Siegerehrung im Sport ist etwas anderes als eine Produktvorstellung. Vermeide Monotonie, damit Deine Zuhörer wach und begeistert bleiben.

Als Sprecher bist Du dafür verantwortlich, dass der andere Deine Botschaft versteht...
achte auf Deinen Gesprächspartner und stelle Rückfragen, wenn Du den Eindruck hast, dass der andere etwas nicht versteht... verwende anschauliche Beispiele... kleine Witze und Anekdoten kommen i.d.R. auch gut... Gehe auf Fragen ein.

Dies war ein sehr intensiver Teil meiner persönlichen Entwicklung, von dem introvertierten kleinen Jungen mit Brille... hin zu einem Kursleiter mit Handicap, der seinen Kunden, alles gestandene Ingenieure die neuesten Errungenschaften der Technik erklärt hat. An so einer Aufgabe kannst Du wachsen... Fange klein an... erst Kollegen etwas beibringen… dann den Kunden.

Beispiele für gute Redner findest Du hier: [125] Youtube Kanal Gedankentanken

Gespräche mit positiven Menschen

Sehr hilfreich sind Gespräche mit positiven energiereichen Menschen. Es reicht ein bisschen Small Talk mit der Bäckereiverkäuferin um die Ecke oder so. Bringt wirklich gute Laune.
Auch ein kleiner Plausch im Café, im Zug, beim Einkaufen oder so ist sehr erfrischend. Je mehr Du Dich selbst positiv ausrichtest, umso mehr wirst Du positive Menschen treffen. Es entwickelt sich somit eine Spirale nach oben.

Die Gespräche müssen nicht besonders intellektuell anspruchsvoll sein, wichtig ist, dass man auf einen positiven Geist trifft, was sich recht schnell zeigt.

Scheue Dich nicht Menschen auf der Straße, im Zug oder sonst wo anzusprechen. Zögere nicht! Einfach erst mal einen schönen Tag wünschen. Falls Dein Gegenüber einen Hund dabei hat, ist das ein super Einstieg. Das Wetter ist ebenfalls ein guter Einstieg. Schöner Schmuck, wie Ohrringe, Fingerringe, Halsketten etc. bemerken und ein Kompliment machen, kann zu einer wunderbaren Unterhaltung führen.

Ich hatte bei meinen Zugfahrten so manche interessante Gespräch, trotz meiner Kopfhörer, es hat sich einfach so ergeben.

Wenn es einmal zu einem Gespräch kommt, kannst Du oft interessante Dinge erfahren. Die meisten Menschen erzählen am liebsten von sich. Sei ein guter Zuhörer, interessiere Dich für die Themen. Falls Dich ein Thema nicht so interessiert, kannst Du mit Fragen auf ein anderes Thema lenken. Sollte das immer noch nicht helfen, kannst Du das Gespräch beenden. Auch wenn ein Gespräch nicht so recht in Fluss kommt, dann ist es halt so und ihr verabschiedet euch freundlich.
Je lockerer Du in ein Gespräch hinein gehst, umso besser. Gerade wenn Du die Frau, den Mann fürs Leben finden möchtest. Und wenn Dir beim Anblick eines bezaubernden Wesens die Luft weg bleibt. Trau Dich! Niemand erwartet eine perfekte Show von Dir. Falls Du eine Abfuhr erhältst, dann ist das erst einmal ein wenig deprimierend. Doch Du hast Dir bewiesen, dass Du aktiv Deine Zukunft in die Hand nimmst. Du hast Mut bewiesen und das macht Dich im Endeffekt stärker und Dir wird mit Sicherheit der oder die Richtige begegnen.

Probleme besprechen

Natürlich ist es hilfreich, wenn Du Menschen hast, mit denen Du über alles sprechen kannst. Doch Vorsicht! Gespräche können endlos um Probleme kreisen, das hilft niemandem. Klar, Probleme müssen erkannt und beschrieben werden. Das bitte zügig, damit Du die Lösung finden kannst. Lösungen sind nicht immer auf dem direkten Weg zu finden. Oft fällt im Laufe eines

Gesprächs ein Stichwort. Das Stichwort ruft eine Erinnerung (Assoziation) hervor, die zur Lösungsfindung erforderlich ist. Nicht immer ist eine Ursache erkennbar, manches ereignet scheinbar „aus heiterem Himmel". Das ist z.B. bei einer Netzhautablösung so. Ganz wichtig, wenn dir zum Weinen ist, dann weine.

Erfolge

Erfolge, wenn Dir etwas gelingt, egal ob im Privatleben oder bei der Arbeit. Feiere Deinen Erfolg. Ich kann Dir wirklich ans Herz legen, ein Tagebuch zu führen, in dem Du Deine Erfolge festhältst, z.B. ein "Erfolgs-Smiley" in einem elektronischen Tagebuch "E-)" Egal ob beruflich oder privat. Schreibe auch kleine Erfolge auf. Du kannst für Deine Erfolge auch ein separates Tagebuch führen.
Läuft das Leben mal nicht so gut, hilft ein Blick in Dein Tagebuch, ein Blick auf Deine persönlichen Erfolge gibt Dir wieder Auftrieb. Du hast in der Vergangenheit schon so viel erreicht, also wirst Du auch weiterhin viel erreichen.

Jubeln

Sieh Dir die Bilder von Sportlern an, im Moment ihres Triumph. Reiß genauso die Arme hoch und juble. Juble genauso, zur Not auch lautlos im Bad. Auch wenn es mal nichts zu jubeln gibt, juble trotzdem, damit Du in der Übung bleibst. Du hast eine super Hormonausschüttung gewonnen und darum geht es, um das Glücksgefühl. Das mag sich beim ersten Mal etwas seltsam anfühlen, nach ein wenig Übung tut das Ganze jedoch gut. Schön ist auch gemeinsames Jubeln im Stadion beim Fußball, Eishockey und dergleichen, sowie bei Rockkonzerten. Bei manchen Seminaren setzen die Trainer ganz gezielt Jubel und Applaus ein, um im Publikum eine gute Stimmung zu erzeugen. Das kannst Du auch für Dich tun.

Erfahrungen

Mit 55 Jahren begann ich dieses Buch zu schreiben, bin also schon mit einigen Erfahrungen gesegnet. In vielen Fällen ist es gut, wenn man auf Erfahrungen zurückgreifen kann. Doch Vorsicht, denn im Leben gibt es selten Situationen, die exakt gleich sind. Die Kunst ist es die Erfahrungen des Lebens so anzuwenden, dass diese für die Gegenwart hilfreich sind. Manchmal ist es besser die Erfahrung beiseite zu lassen und sich ganz und gar der aktuellen Situation zu widmen.

Beispiel: Ich bin die meiste Zeit Autos der Marke Opel gefahren. Bislang war das Reserverad immer in den Kofferraumboden eingelassen, somit von oben zugänglich. Nicht so bei meinem jetzigen Opel Zafira. Dort befindet sich das Reserverad in einem Käfig unterhalb des Kofferraums. Wer lesen kann ist im Vorteil, ein Blick in das Handbuch schafft Klarheit.

Essen

„Liebe geht durch den Magen"

Volksweisheit

Meine Frau kocht mit Liebe und gut und gerne. Das Essen ist immer ein Genuss. Ich freue mich darauf und wieder werden Glückshormone freigesetzt. Für mich ist Essen ein Genuss und so soll es auch bleiben.

Mit zunehmender Bewusstheit verändert sich mein Ess- und Trinkverhalten. Mehr pflanzliche Produkte, anstatt Wurst, Fleisch und Käse. Ich trank früher Unmengen Cola Light, das mag ich nun nicht mehr. Ab 40 Grad Außentemperatur geht bei mir eh nur noch reines Wasser.

Doch mich irgendeiner Ernährungsphilosophie zu unterwerfen liegt mir fern, Kalorien zählen auch.

Zum Thema Essen ein [128] Fachvortrag von Prof. Dr. Jörg Spitz - "Fit mit Fett - ein Leben lang"

In der Ruhe liegt die Kraft

„In der Ruhe liegt die Kraft"

Konfuzius chinesischer Philosoph (551 v. Chr. bis 479 v Chr.).

Beispiel 1: Ein heißer Sommertag, verschwitzt arbeite ich als Elektriker an einem Verteilerschrank. Da wirst Du ruhig und überlegst Dir jeden Griff sehr genau, denn sonst bekommst Du einen Stromschlag und der wird recht heftig, da Schweiß den Strom sehr gut leitet.
Innerlich war ich immer noch etwas aufgeregt, doch vom Verstand her war es klar, dass in der Ruhe die Kraft liegt und so habe ich meine Bewegungen mit Bedacht langsam ausgeführt und blieb somit von Stromschlägen verschont.

Beispiel 2:
Später während meiner Zeit als Ingenieur wurde ich manchmal nachts aus dem Bett geklingelt, ich hatte Rufbereitschaft. Also den Kunden anrufen und fragen was ausgefallen ist. Remote-Einwahl in das Kundennetz und den Fall beheben. Je ruhiger ich war, umso besser konnte ich (ggf. mit weiteren Kollegen) die Probleme lösen. Hierbei war ich auch innerlich ruhig, denn hier konnte ich keinen Stromschlag bekommen. „Keep Calm" ist in einer solchen Situation der beste Ansatz. Meine Kollegen schätzten meine ruhige Art, denn jeder wusste, mit Hektik und Panik lässt sich nur schwer eine Lösung finden. Mit ruhigem Kopf und Herzen die richtigen Schritte zu tun, ggf. in einer internationalen Konferenzschaltung ist der einzige gangbare Weg.

Achtsamkeit

Es gibt zwei Arten der Achtsamkeit:

1) Außenwelt: Die Achtsamkeit gegenüber Deiner unmittelbaren Umgebung und Deinen unmittelbaren Mitmenschen.

2) Innenwelt: Achtsamkeit gegenüber Dir selbst.
In meiner Zeit als leidenschaftlicher Motorradfahrer. Den Fahrtwind spüren, sich in die Kurven legen. Ein herrliches Gefühl, ein Gefühl von Freiheit und Abenteuer.
Doch gilt es achtsam zu sein, gerade als Motorradfahrer. Achtsam zu sein, was die anderen Verkehrsteilnehmer so anstellen. Die Beschaffenheit der Straße, nasses Laub, Kopfsteinpflaster, Schienen oje. Das ist als Motorradfahrer wichtig, sogar lebenswichtig! Du kannst es Dir nicht leisten verträumt durch die Gegend zu fahren. Du musst darauf achten, dass Du mit allen Sinnen in der Gegenwart bist.
Die Zeit als Motorradfahrer ging zu Ende, die Achtsamkeit ist geblieben. Ob im Straßenverkehr, bei der Arbeit, der Familie, im Freundeskreis oder ganz allgemein im Umgang mit Menschen. So konnte ich schon manchen Konflikt beilegen, der gerade im Entstehen war.
Das kannst Du auch! Jeder kann dies, der achtsam ist und sich in andere Menschen hineinversetzen kann (Empathie).
Oft reicht eine lustige Bemerkung, die vom eigentlichen Thema ablenkt und keine Anwesenden verletzt, die Leute lachen und es geht ohne Konflikt weiter.
Die zweite Form der Achtsamkeit ist die Selbstachtsamkeit. Hier eine kleine Übung. Beobachte Dich selbst einige Zeit, sagen wir mal für drei Wochen. Schreibe in Dein Tagebuch die Antworten auf folgende Fragen, **achte auch auf kleine Dinge**!

Was macht Dir Freude?

Was begeistert Dich?

Was findest Du schön?

Was rührt Dein Herz?

Was ärgert Dich?

Was nervt Dich?

Wobei spürst Du Widerstand? Falls ja, der Sache auf den Grund gehen.

Gibt es nicht ganz so deutliche Empfindungen?

Du kannst gerne eigene Fragen hinzufügen oder Fragen streichen.

Vielleicht stellst Du fest, dass es mehr schöne Dinge in Deinem Leben gibt als Du glaubst. Meistens vergessen wir die schönen Dinge schneller als unangenehme Dinge. Achte gerade auf die kleinen Dinge, denn alles beginnt im Kleinen und „Kleinvieh macht auch Mist" Versuche nicht negative Gefühle zu bekämpfen. Lass diese so wie sie sind. Frage Dich einfach ob es sich lohnt, sich über dies und jenes aufzuregen und unangenehme Hormonausschüttungen zu erhalten.
Ein kleines Beispiel: Vom Einkaufen heimgekommen. Die linke Hand ist belegt durch den Einkauf mit lauter guten Sachen. Mit der rechten Hand angle ich den Schlüsselbund aus der knackig anliegenden Jeans. Jetzt die Fingerübung, den richtigen Schlüssel zwischen Daumen und Zeigefinger zu bekommen. Geht schief, der Schlüsselbund fällt zu Boden, glücklicherweise ist kein Gully in der Nähe. Früher hätte ich mich darüber aufgeregt, heute nicht mehr. Heute fällt mir der und Schlüsselbund weniger oft zu Boden. Falls doch, dann hebe ich diesen einfach ohne jede Gemütsregung auf.

Sei achtsam was um Dich herum geschieht und achte auch auf Dein Innenleben.

Affirmationen

Affirmationen sind Sätze, die man sich immer wieder vorsagt. Mit dem Ziel sich selbst positiv zu verändern. Affirmationen sind immer positiv formuliert und in der Gegenwart geschrieben. So als ob das Gewünschte schon eingetreten ist.

Ganz wichtig ist, dass Du Deine eigenen Affirmationen findest. Beispiele:

„Alles (in meinem Umfeld und in mir) wird gut"
„Alles (in meinem Umfeld in mir) ist gut"
„Alles Gute kommt leicht und mühelos zu mir"
„Ich nehme mir die Zeit"
„Ich liebe meine Arbeit und werde reich entlohnt."

Je öfter Du Dir Deine Affirmationen vorsagt, umso wirksamer werden diese sein.

Diese Technik hatte ich bereits im Studium angewendet.

„Jede Klausur 1,0"

Das war meine Affirmation und ich musste mir diese Affirmation gar nicht so oft vorsagen, da dieses Ergebnis für mich selbstverständlich war. Ich hatte mich mental so eingestellt. Meine Endnote war 1,8 damit war ich mehr als zufrieden.

Die Werbetreibenden wissen das auch und wiederholen ständig ihre Werbebotschaften in TV. Radio, Zeitung, Internet etc. um ihre Produkte in Deinem Bewusstsein zu verankern und eine Kaufentscheidung auszulösen. Das ist sozusagen eine Affirmation von außen.

Wenn es mal wieder auf eine Wahl zugeht, wirst Du ständig die Gesichter der Kandidaten sehen und die Slogans der Parteien. Um Dich zur entsprechenden Stimmabgabe zu bewegen.

Kurze Affirmationen ggf. mit Zahlen und Sonderzeichen versehen, eignen sich hervorragend als Passwörter!
Die paar Sekunden Zeit zur Passworteingabe hast Du. Gib Dein Passwort/ Deine Affirmation bewusst ein, das verschafft Dir eine Mikropause und Du denkst einen positiven selbstgewählten Gedanken.

Wie? Alles ist gut

Was denkst Du, wenn jemand „Alles ist gut" sagt. Wirkt das weltfremd auf Dich? Klar, bei den vielen Katastrophen, Kriegen und Krisen auf der Welt.
Deshalb erweitere ich diese Affirmation ein wenig:

„Alles (in meinem Umfeld und in mir) ist gut"

Doch, wenn Du mal einen richtig schönen Tag hast, einen Tag an dem alles so richtig gut läuft, dann kannst Du doch auch aus ganzem Herzen „alles ist gut" sagen, nicht wahr?
Es kommt eben darauf an, was man unter „Alles" versteht, die ganze Welt oder sein persönliches Umfeld.

In den Momenten, in denen Du mit voller Überzeugung und ganzem Herzen „Alles ist gut" sagen kannst, werden die entsprechende Glückshormone ausgeschüttet.

Je öfter Du in diesen Zustand kommst, umso besser für Dich und Deine Gesundheit

Gönnen

Gönne Dir ab und zu mal etwas Schönes und erfreue Dich daran. Versuche dabei möglichst unabhängig von Werbung und anderen Einflüssen zu sein. Liebgewordene Kleidungsstücke trage ich so lange bis diese von allein auseinanderfallen. Diese fiesen Waschmaschinen. Dennoch tut es sogar mir gut mal etwas Neues zu tragen. Neulich in der Hosenabteilung eines großen Bekleidungshauses fragte mich eine junge Verkäuferin nach meiner Hosengröße, „Mittel" antwortete ich etwas verlegen. Schmunzelnd brachte sie mir zwei drei Hosen, die auf Anhieb passten. Ich hätte die Verkäuferin umarmen können, so schnell hatte ich noch nie Hosen gekauft.

Gönne auch anderen deren Erfolg: Auto, Haus was auch immer, hilft gegen Neid.

Konsumverzicht ist auch keine Lösung, schließlich lebt unsere Wirtschaft vom Verkauf von Waren und Dienstleistungen. Das sichert Arbeitsplätze. Doch kaufe mit Augenmaß ein, Kredite für Konsumgüter sind wenig sinnvoll.

Dankbarkeit

Sei dankbar für das was Du hast. Denke nicht so oft an das was Dir fehlt... Denn sonst kreisen Deine Gedanken nur noch um das was Dir fehlt... und Du kommst da nicht mehr raus.

Sei dankbar für das was Du hast

Beispiele:
Siehe Teil 4 „Die blinde Frau im Zug"
und Anhang Sabriye Tenberken. [126]

Podcast mit Sabriye Tenberken, Blinde Tibetologin und Entwicklungshelferin Anhören lohnt sich, es ist unglaublich was diese

Frau erreicht hat. Wie sie mit ihrem Schicksal umgegangen ist und mit welcher positiven Energie diese blinde Frau spricht.

Es gibt noch mehr Material zu „Sabriye Tenberken" im Web, absolut sehenswert und aufbauend.

Wie meine ich das? Bei mir ist das Risiko zu erblinden höher als bei anderen Menschen. Ich hatte lange Zeit die Befürchtung zu erblinden, Die beiden Beispiele haben mir gezeigt, dass selbst danach das Leben weitergeht und ich hörte auf mir darüber Sorgen zu machen.
Anderes Beispiel, meine Ex Freundin hatte einen alten 200er Diesel, damit sind wir kreuz und quer durch Europa gefahren bis nach Portugal und bis nach Polen, Wir sind überall hingekommen und wir hatten schöne Urlaube. Der Gedanke an ein anderes Auto kam uns nie in den Sinn. In den französischen Alpen hatte die Handbremse den Geist aufgegeben, kein Problem mit dem alten 200er Diesel. Wir waren dankbar dieses Auto zu haben, zumal es auch damals schon nicht so attraktiv für Diebe war.

Natürlich kannst Du nach mehr streben, doch alles mit Maß und Ziel.

Leichtigkeit

Alles was Dir leicht von der Hand geht, entspricht Deinen Fähigkeiten und Talenten. Um dies zu erkennen, musst Du einiges ausprobieren.

Als Schüler wollte ich unbedingt Automechaniker werden. In einem Praktikum erkannte ich, dass dieser Beruf nichts für mich ist. Deshalb entschied ich mich für die Elektrotechnik/ Elektronik , das war gut so. Die Berufsausbildung und das Studium ist mir fast immer leichtgefallen.

Idealerweise sollte jeder Mensch das machen, was seinen Talenten, Fähigkeiten und Wünschen entspricht. Privat und im Beruf.

Manchmal stellt das Leben Aufgaben, die einem gar nicht zu liegen scheinen, doch es gilt diese zu bewältigen, ohne daran Schaden zu nehmen. Du kannst nur an Erfahrung gewinnen.

Im Laufe des Lebens kann sich manches ändern. So war ich als Jugendlicher eher introvertiert und wenig gesprächig. Heutzutage macht es mir Spaß mich mit Menschen zu unterhalten, Dinge zu organisieren und Probleme zu lösen. Ich muss nicht derjenige sein, der die Lösung findet, ich bin auch glücklich, wenn ein anderer die Lösung findet. Bei sinnvollen Diskussionen, die offen geführt werden, kann dies geschehen. Leichtigkeit ist dabei so wichtig. Rechthaberei, Fingerzeigen und Voreingenommenheit blockieren jede Lösung und vergiften die Gesprächsatmosphäre.

Teil 2: Roads to hell

Falls Du Dich darin wiedererkennst und Dich bereits in einem dieser Wege befindest, dann lies besonders aufmerksam, denn ich zeige Dir einen Ausweg aus diesem dunklen Tal.

In der Schule war Deutsch mein schlimmstes Fach, ja mehr noch mir wurde diagnostiziert, dass ich ein Legastheniker bin. Na gut, heute schreibe ich trotzdem Bücher.

Kopf zu voll

Dies scheint mir eines der dringendsten Probleme unserer Zeit zu sein.

Ob bei der Arbeit oder in der Freizeit, ständig gibt es irgendetwas zu tun, und wir sind durch unsere Smartphones ständig erreichbar. Hier noch eine E-Mail schreiben, dort noch einen Facebook Eintrag kommentieren, im Geschäft versucht jeder

Arbeit an Dich abzugeben.

Hier ist es wichtig auch einmal "Nein" zu sagen, Nein zu den Kollegen, ggf. zum Chef und zu sich selbst. Muss diese Aktion (in den sozialen Medien) wirklich sein?

Bitte konzentriere Dich auf die Dinge, die wirklich für Dein Leben wichtig sind. Lass Dir von Unwichtigem nicht die Fokussierung und die Zeit stehlen. Natürlich musst Du erst einmal herausfinden was wichtig für Dich ist.

Negative Gedanken

„An was Du ständig denkst, das nährst Du"

gefunden bei Jürgen Höller

Negative Gedanken haben wir meist in der Kindheit übernommen, oder auch später. Wir halten diese negativen Gedanken für die Wahrheit. Du hast die negativen Sätze so oft gehört in der Kindheit, bis Du diese für Dich übernommen hast.
Durch Meditation werden diese Gedanken weniger. Hier noch eine weitere Methode, wie Du negativen Gedanken begegnen kannst. Kommt Dir ein negativer Gedanke in den Sinn, ersetze den negativen Gedanken durch einen positiven Gedanken.

Beispiele aus der Kindheit: Im weiteren Leben können (müssen aber nicht) sich weitere negative Gedanken einschleichen.

Negativer Gedanke Original	Deine Veränderung
„Ich kann das nicht"	Ich kann das, klar ich kann.
„Ich noch zu klein"	Bin groß genug
„Das verstehst Du nicht"	Ich versteh das

Beispiele. Negative Gedanken der Erwachsenen.

Negativer Gedanke Original	Umschreibung
„Murphys Law" „Was schief gehen kann, geht schief"	Wird schon klappen.
Prüfungsangst „Ich schaffe das nicht"	Ich schaffe das, jede Klausur 1,0
„Mit Deiner Behinderung geht das nicht"	Jetzt erst recht. Das wollen wir doch erst einmal sehen
Songtitel: „Dieser Weg wird kein leichter sein"	Der Weg ist leicht.

Beispielsweise auch durch Werbebotschaften („In das drei Uhr Loch fallen") oder Liedtexte („Dieser Weg wird kein leichter sein, dieser Weg wird steinig und schwer")
Bitte prüfe sehr genau was Du als wahr erachtest und für Dich übernimmst.
Im täglichen Leben ist es manchmal schwierig zu erkennen, was richtig oder falsch ist.

Bitte lenke Deine Aufmerksamkeit besonders auf Sätze, mit denen Du Dich besonders stark identifizierst. Solche Sätze beginnen oft mit "Ich bin..", "Die Menschen sind ..", "Die Welt ist .." etc.

Übung 1: Du machst Deine eigene Liste mit Deinen ganz persönlichen negativen Gedanken und schreibst diese um. Es ist wichtig, dass Du Deine eigenen Worte verwendest. Schau Dir diese Liste von Zeit zu Zeit an und erweitere diese bis Dir kein negativer Gedanke mehr einfällt.

Jedes Mal wenn so ein negativer Gedanke hochkommt, dann sage "Stopp" und ersetze den negativen Gedanken durch den positiven Gedanken aus Deiner Liste. Zusätzlich hilft noch Meditation. Mit der Zeit werden die negativen Gedanken weniger und verlieren an Kraft.

Übung 2: Werde Dir dieser Gedanken bewusst und forme sie positiv um (Übung 1), ggf. die Liste erweitern.
Ebenso ist es hilfreich, schöngeistige Literatur zu lesen, ebensolche Filme anzusehen und positive Musik zu hören, um Deinen Geist wieder mit positiven Dingen zu versorgen.

Natürlich solltest Du es mit den positiven Glaubenssätzen nicht übertreiben. Ein Beispiel. Du kommst als Erster an einen zugefrorenen See. Du möchtest dort Schlittschuhlaufen, weil das so klasse ist. Also fährst Du erst einmal am Rand entlang, um herauszufinden ob das Eis Dich trägt. Sofort in die Mitte des Sees zu fahren, wäre übertrieben und dazu noch sehr gefährlich. Deine positiven Glaubenssätze müssen also so sein, dass Du sie verwirklichen kannst.

Bedenkenträgerei

Leider machen sich viele Menschen zu viele Gedanken warum etwas nicht funktionieren könnte. Sie äußern dies auch noch und fühlen sich dabei großartig. Es gibt jede Menge "Experten" die ganz genau wissen, warum etwas nicht geht, die sogenannten Bedenkenträger.

Diese Bedenkenträgerei kann absurde Formen annehmen. So hat mir ein Mann berichtet, dass er nicht schwimmen lernen durfte, da seine Mutter fürchtete, dass er ertrinken könne.

Gegen diese sinnlose Bedenkenträgerei hilft es, sich diese bewusst zu machen und entsprechend umzuwandeln. Aus "Das geht nicht .." ein "Wie kriegen wir das hin.." machen.

Übung 3: Geh in Dich und prüfe in wie weit Du nicht auch ein voreingenommener Bedenkenträger bist. Nein, bist Du nicht, da bin ich froh. Jedes Mal, wenn Dir blitzschnell ein "Geht nicht.." in den Sinn kommt, könnte vielleicht doch etwas Bedenkenträgerei in Dir stecken. Deshalb ist es wichtig, dass Du hier ehrlich zu Dir selbst bist.

Als Mensch mit Handicap kannst Du der Versuchung unterliegen, Dich durch Dein Handicap selbst zu begrenzen. Daher kann ich Dir aus eigener Erfahrung ans Herz legen. Nimm Dich so an wie Du jetzt bist. Gib nicht auf, vielleicht wird es in der Zukunft Möglichkeiten geben, die Dir dann helfen werden. Mit einem Augenfehler kannst Du nicht Pilot oder Kranführer werden, doch es stehen Dir noch genug andere Berufe offen. Richte Deine Aufmerksamkeit auf das was Du hast und nicht auf das was Dir fehlt.

Negative Emotionen

Was helfen Dir Angst, Neid, Missgunst, Gier und Hass?

Ich sag's Dir. Gar nix, im Gegenteil diese Emotionen schaden Dir nur!

Was meine ich damit? Solange Du Dich in diesen Gemütszuständen befindest schüttet der Körper Hormone aus die auf Dauer ungesund sind, vor allem wenn sie nicht abgebaut werden. Siehe hierzu [201]

Nehmen wir zum Beispiel die Angst. Ich möchte hier keinen Unterschied zwischen Angst und Furcht machen.

Ohne die Angst hätte die Geschichte der Menschheit möglicherweise in den Mägen der damaligen Raubtiere ein frühes Ende gefunden. Durch die Angst produziert das Gehirn blitzschnell Hormone, die die körperliche Leistungsfähigkeit enorm steigern, sodass die Flucht möglich wird, wenn ein Höhlenbär um die Ecke kommt. In manchen Situationen mag auch sich Tot stellen eine sinnvolle Überlebensstrategie sein.

In unserer heutigen Zeit gibt es viele Ängste, z B. die Existenzangst ob der Arbeitsplatz wegfällt, gefährliche Situationen im Straßenverkehr, die täglichen Katastrophen, Krisen und Kriege in den Medien… Nur dass es hier keine körperliche Reaktion gibt und die Hormone nicht für das eingesetzt werden, wozu sie eigentlich da sind. So entstehen aus dieser Zusammenballung aus Bewegungsmangel, ungesundem Essen, ggf Rauchen und Alkohol unsere sogenannten Zivilisationskrankheiten wie Schlaganfall und Herzinfarkt.

Was tun? Am besten die Quelle, den Stress vermeiden. Ok, das geht am Arbeitsplatz oft nicht so einfach. Doch die Horror Medien abschalten ist verhältnismäßig leicht. Vorausschauendes, defensives Fahren ist im Straßenverkehr nicht nur sinnvoll, sondern auch hilfreich.

Falls die Ursachen nicht beseitigt werden können, ist es sinnvoll sich etwas Gutes zu tun...

Dies mag für jeden Mensch unterschiedlich sein, z.b. Spaziergänge, Sport, Yoga, Tai Chi, Gespräche, Musik, Tanzen, Meditation.....und noch vieles mehr.

Ebenso wichtig ist es, nicht stundenlang über Vergangenes nachzugrübeln und wenn Du doch ins Grübeln gerätst, dann schreib Dir einfach den Frust von der Seele bis Dir nichts mehr zu dem Thema einfällt.

Je mehr Du in Deiner inneren Ruhe und Deiner inneren Kraft bist, umso mehr Angst- und stressfrei wirst Du.

Wenn Du den Wunsch verspürst diese negativen Emotionen erst gar nicht in Dich hineinzulassen, Glückwunsch das ist der Schlüssel zu mehr Energie und einen freudigen Leben.
Die in **Teil1 : Stairways to heaven** beschrieben Methoden sind hier ebenfalls hilfreich.

Innere Widerstände

Ein Beispiel: Du stehst im Stau. Es nützt nichts, wenn Du Dich darüber aufregst, im Gegenteil die Ärger Hormone tun Dir nicht gut, gerade wenn Du im Auto sitzt. Vernünftig wäre sich nicht aufzuregen und das ist Deine Entscheidung. Wenn Du einen Termin hast, ruf an, dass Du im Stau stehst. Vielleicht lässt sich der Termin auch über Smartphone erledigen. Wenn gar nichts mehr geht, kannst Du auch aussteigen und ein paar Kniebeugen machen, das baut Stress ab.

Hierzu wieder ein Post-it:

> # Nimm an was ist,
> ## wie es ist,
> ## in diesem Moment.

Ok. das ist ziemlich starker Tobak für einen westlich geprägten Menschen. Was meine ich damit?

Egal was geschehen ist (z. B in Stau geraten etc.), es ist bereits geschehen und Du kannst das auch nicht ändern in diesem Moment. Wenn Du Dich aufregst, setzt Du nur Adrenalin frei und schadest Dir selbst. Wäre es nicht besser die aktuelle Situation emotionsfrei anzunehmen („Keep Calm")? Nun hast Du den Kopf frei und kannst besser handeln. Zum Beispiel Telefonate, Messages erledigen, geht wirklich besser, wenn Du ruhig und frei von Ärger bist.

Das Wetter, ein weiteres Beispiel. Viele Menschen nörgeln ständig über das Wetter. Was hilft nörgeln? Nichts, das Wetter ist wie es   ist.
Wenn Du nun das Wetter so annehmen kannst wie es ist, ohne Dich darüber zu ärgern, dann ersparst Du Dir eine weitere Adrenalin Ausschüttung und behältst einen kühlen Kopf.

„Ich freue mich, wenn es regnet
denn wenn ich mich nicht freue
regnet es auch"

Karl Valentin, Münchner Original und Komiker, Volkssänger, Autor
und Filmproduzent (1882 - 1948)

Fehlende Entscheidung.

Soll ich? Soll ich nicht? Darf ich? Darf ich nicht? Kann ich? Kann ich nicht?

Wer kennt das nicht?

Hier kommst Du einfach raus, einfach auf das Bauchgefühl hören. Die meisten Entscheidungen werden eh aus dem Bauch getroffen und hinterher rational begründet.

Falls das Bauchgefühl hier nicht hilft, kannst Du Dich immer noch mit vertrauten Menschen beraten, weitere Informationen einholen, ggf Berechnungen anstellen. Ich hab gemerkt, wenn ich tagelang unentschlossen durch die Gegend laufe, kostet mich das Energie. Bei größeren Entscheidungen „eine Nacht darüber schlafen" ist ok. Alles braucht seine Zeit.

Es ist schon ein Unterschied, ob Du Dich für eine Sorte Klopapier oder eine Hausfinanzierung entscheidest.

Bei Herzensangelegenheiten sieht die Welt wieder ganz anders aus. Wenn Dir ein Smartphone Hersteller suggeriert, dass ein Smartphone eine Herzensangelegenheit ist, dann glaub das nicht, ein Smartphone ist ein technischer Gegenstand. Sei nicht so streng mit dem Hersteller... die leben vom Verkauf und irgendwie müssen die ja Werbung machen…. Gleiches gilt für Autos und vieles andere mehr.

Hier zwei Tipps von dem Finanzexperten Bodo Schäfer

1. Du kannst keine gute Kaufentscheidung treffen, wenn Du begeistert bist.
2. Du kannst keine gute Verkaufsentscheidung treffen, wenn Du Angst hast.

Wie auch immer, es ist besser eine Entscheidung zu treffen, als keine Entscheidung zu treffen, Damit gewinnst Du an Klarheit in Deinem Leben. Nichts währt ewig, überprüfe Deine Entscheidungen von Zeit zu Zeit und entscheide ggf. neu.

Unterbrechungen

Falls Du gerade an einer ganz ausgefuchsten Excel Datei brütest, gerade Software entwickelst oder anders hochkonzentriert arbeitest, sind Unterbrechungen übel. Weil Du Deinen Gedankengang verlieren kannst. Für eine kurze Zeit war ich in einem Großraumbüro zusammen mit Softwareentwicklern tätig. Als Support Ingenieur muss man recht häufig mit den Kunden telefonieren, da sich im Gespräch Dinge oft besser klären lassen als mit einer E-Mail. Die Softwareentwickler störten meine Gespräche in ihrer Konzentration . So währte meine Zeit in diesem Büro nur kurz.

Andere Unterbrechungsquellen sind E-Mails, Chats, lokale Kollegen, soziale Medien (Achtung! Private Nutzung ist in Firmen meist verboten). Besser diese für eine gewisse Zeit abstellen. Richtig komplizierte Dinge erledigte ich früher am liebsten im Homeoffice , denn da war ich tagsüber alleine zu Hause,

Normalerweise war ich lieber im Büro bei meinen Kollegen. Noch lieber war ich auf Dienstreisen, vor allem im Ausland, um mal etwas anderes zu sehen Bei Auslandseinsätzen konnte ich mich voll und ganz auf meine Arbeit konzentrieren, da oft Mail und Mobiltelefon nur eingeschränkt verfügbar waren. Ach war das schön. Bei Nachtarbeiten wirst Du auch nicht so oft unterbrochen.

Kein Problem sind Unterbrechungen bei einfachen Arbeiten wie z.B. Staubsaugen, wenn jetzt jemand anruft kannst Du hinterher ganz einfach weitermachen. Aber Vorsicht verquatscht Euch nicht beim Milch kochen. Die Milch kocht schnell über und die Überreste lassen sich nur schwer vom Herd entfernen.

Fazit: Wenn komplizierte Arbeiten zu erledigen sind, dann ist es ratsam die Unterbrechungsquellen abzuschalten, oder kannst Du

Dir ein Chirurg mit Handy im OP vorstellen?

Offene Punkte

Ob im Arbeitsleben oder privat. Oft können Dinge nicht innerhalb eines Tages abgeschlossen werden. Natürlich wäre es besser, Du könntest alles was Du anfängst noch am gleichen Tag abschließen, doch z.B. eine Schwangerschaft, ein Hausbau, ein größeres Projekt braucht seine Zeit.

Hier hilft Vertrauen ins Leben, dass alles gut geht und ggf. ein Projektplan in dem ich/ Du/ er/ sie/ es den aktuellen Stand festhalten kann. In Firmen geht das eh nicht anders, da mehrere Personen über den Stand des Projekts informiert sein müssen. Privat eignet sich dafür Dein Notizbuch, ein Zettelkasten oder ein elektronisches Medium wie Evernote, auf dem man sich z.B. die Details einer Bestellung, ein Arztgespräch oder was auch immer leicht wiederauffindbar festhält. Das entlastet Dein Gedächtnis und gibt Dir Energie für weitere Aufgaben.

Außerdem kann ich diese kleinen weißen Zettel wärmstens empfehlen. Du arbeitest gerade an Projekt A und hast einen guten Einfall für Projekt B. Also schreibst Du diesen Einfall auf einen kleinen weißen Zettel. Vorteil Du musst Dich nicht durch etliche Fenster auf Deinem Computer wühlen und Projekt A wird nur minimal unterbrochen.

Die Zettel in einer Box sammeln und täglich durchgehen. Manchmal passen dann Dinge zusammen die ich dann „in einem Abwasch" erledigen kann. Die Zettel fördern die Kreativität, da Du darauf frei schreiben und malen kannst, etwas aus der alten analogen Welt. Das Schönste aber ist es den Zettel nach getaner Arbeit genüsslich zusammenknüllen und in den Eimer zu feuern. Das würdest Du mit Deinem Smartphone eher ungern tun, nicht wahr?

Konflikte

Übung 1) Vergebungsritual

Nicht beendete Konflikte können belasten, auch wenn diese schon lange zurückliegen. Hier kann das hawaiianische Vergebungsritual „Ho'opnopono" helfen. Es geht darum, den Menschen zu vergeben mit denen noch etwas im Argen liegt. Wenn Du mit irgendwas oder irgendwem in Deiner Vergangenheit haderst, ist es sehr hilfreich, wenn Du Dir auch selbst vergibst.

Dazu diese vier Sätze wiederholen.

> „I am sorry"

> „Please forgive me"

> „I thank you"

> „I love you"

Siehe hierzu Anhang [203]

Als ich Ho'opnopono das erste Mal hörte [203], konnte ich damit nicht so recht etwas anfangen. Heute sehe ich das ganz anders.

Aktuelle Konflikte solltest Du zügig beenden. Sollte es dennoch zu einem Bruch kommen hilft wieder das Ho´oponopono

Übung 2) Ärger etc herausschreiben

Falls das Ho´oponopono nicht vollständig hilft

Alles auf ein, zwei, drei, .. A4 Blätter herausschreiben was Dir zu dem Konflikt einfällt. Ggf. Fiktiven Brief an Dein Gegenüber schreiben, niemals absenden.

Entscheide was mit dem Aufschrieb geschehen soll. Aufbewahren oder gehen lassen. Z.B. zerknüllen und wegwerfen, verbrennen, oder Schiffchen bauen und in den Fluss, das Meer damit.

Konflikt beenden in einer aggressiven Gesprächssituation

Falls ein Gesprächspartner bereits aggressiv ist oder wird. Dann ist es gut, wenn Du innerlich ruhig wirst oder zumindest nach außen hin ruhig erscheinst. Falls möglich etwas Zeit vergehen lassen. Nicht sofort antworten.

Das Gespräch mit dem oder derjenigen suchen.

Was lässt Du jetzt bleiben?

Den/ die andere von Deinem Standpunkt zu überzeugen.

Lass Dir den anderen Standpunkt erklären. Ruhig das Wort „Bitte" verwenden. Zeige Dich interessiert, sei ein aktiver Zuhörer, fasse das Gehörte mit Deinen Worten zusammen und lasse es Dir bestätigen. Ich weiß, dass dieser Punkt sehr viel Selbstbeherrschung verlangt. Doch auch und gerade wenn Du innerlich noch zornig bist oder Dich ungerecht behandelt fühlst, bleibe nach außen hin ruhig und sachlich. Versuche Dich in Dein Gegenüber hinein zu versetzen. Oft zeigt sich an diesem Punkt, dass es nur ein Missverständnis war. Falls nicht, ist es nun an der Zeit Deine Antwort zu geben. Sag auf jeden Fall, dass es Dir am

Herzen liegt den Zwist zu beenden. Wenn Du so weit gekommen bist, sollte sich der Streit gemeinsam beilegen lassen.

Da unsere Welt nicht immer frei von Konflikten ist, habe ich diesen Abschnitt aufgenommen und Dir eine wirksame Methode vorgestellt. Doch es würde den Rahmen meines Buches sprengen, das Thema Konfliktbewältigung vollends zu behandeln

einen Buchtipp zu diesem Thema: [202] „Verbales Judo"

Unverstandene Worte

Oje, ich kann mich an Besprechungen erinnern, bei denen ich fast eingeschlafen bin. Ein Nicken, das keine Zustimmung war. Ich bin angetreten in der ehrlichen Absicht alles verstehen zu wollen... Nur ich war neu in der Materie und die Alteingesessenen pflegten ihren Jargon... So war ich erschlagen von den vielen Dingen, Worten und Abkürzungen die mir zu diesem Zeitpunkt noch nicht geläufig waren... Das wurde im Laufe der Zeit besser... Anderen Kollegen erging es genauso.

Tipp: Unauffällig etwas anderes machen... zum wach bleiben (z.B mit Laptop oder Smartphone beschäftigen) und die Ohren mehr oder weniger auf Durchzug schalten... Falls ein Beitrag von Dir erwartet wird, dann musst Du natürlich vorbereitet sein.

Auch beim Lesen kannst Du über unbekannte Worte stolpern... Besser diese gleich im Internet nachschlagen... Dann den betreffenden Satz noch einmal lesen und weiter gehts.

Unausgesprochenes

Die Faulheit "Ja, ja mein Schatz"... Unverstandenes so zu belassen... ist Gift für jede Beziehung... schleichend staut sich vieles auf... das dann zum Bruch führen kann... Ein „reinigendes Gewitter" kann vielleicht gerade noch helfen.

"Ich denk mir mein Teil" ist im eher öffentlichen Bereich ein wenig hilfreicher Ansatz, da es meistens anders kommt als man denkt. Besser ist fragen, fragen und nochmals fragen. Hab keine Scheu zu fragen, Du wirst durch Fragen lernen. Auch der Sprecher wird lernen seine Aussagen besser zu formulieren Am Ende herrscht die Klarheit. Wer spricht, möge sein Bestes geben, damit die Zuhörer ihn verstehen.

Sorgen

„Von allen Sorgen, die ich mir machte, sind die meisten nicht eingetroffen."

Sven Hedin (1865 - 1952) schwedischer Geograph und Entdecker

Sorgen: Die Befürchtung dass Dir oder jemand anderem etwas zustoßen könnte.

Zwei Fragen.

Hilft es Dir sich Sorgen zu machen?

Hilft es anderen, wenn Du voller Sorgen um sie bist?

Anstatt Dir Sorgen zu machen, stell Dir bitte den idealen gesunden Zustand vor. Verinnerliche diesen Gedanken bis Du selbst davon überzeugt bist und wenn Du es schaffst dabei noch etwas

Humor zu versprühen um so besser. So muntere ich meine Mutter auf, sie ist Schmerzpatientin.

Ich traf neulich einen alten Freund, er hat die Diagnose Krebs. Eigentlich sollte er laut den Ärzten schon längst tot sein. Doch er lebt noch und das nicht schlecht. An seiner positiven Einstellung kann sich mancher Gesunde eine Scheibe abschneiden. Er nimmt den Krebs und die Prognosen der Ärzte („Sie haben noch 8 Monate zu leben") nicht so ernst und findet stattdessen alternative Heilmethoden im Internet.

Zeckenbiss: Eine Cousine von mir hat es getroffen, Diagnose: Borreliose. Die Ärzte wollten sie schon zur Frührentnerin machen. Doch meine Cousine hat das Ruder selbst in die Hand genommen und ebenfalls im Internet alternative Heilmethoden gefunden. Inzwischen geht sie wieder arbeiten.

Sich Sorgen machen scheint eine Eigenschaft von uns Deutschen zu sein, die Thailänder verbringen ihr Leben weitaus sorgenfreier. Obwohl es in der Thai Sprache ein Wort für Sorge gibt, ist mir dieses noch nie begegnet.

Mitleid oder Mitgefühl?

Mitgefühl (Empathie) ist ein zentrales Thema des Buddhismus.

Auch hier beantworte bitte diese zwei Fragen:

Was hilft es einem anderen, wenn Du Mitleid für ihn empfindest?
Was hilft es Dir, wenn Du Mitleid empfindet?

Du hast sicher schon einen leidenden Menschen im Krankenhaus oder Pflegeheim besucht. Was hilft es dem leidenden Menschen, wenn Du Mitleid empfindet? Nicht so viel, im Gegenteil es beginnt eine Abwärtsspirale nach unten, eine Abwärtsspirale für euch beide. Solange Du leidest, kannst Du nicht wirklich helfen. Normalerweise wollen Kranke nicht, dass wegen ihnen jemand anderes leidet.

Was tun?
Zunächst Trost spenden und Dein ehrliches Mitgefühl zeigen. Sagen das alles gut wird. Er / sie kommt da schon durch. Er sie schafft das. Das sagst Du natürlich aus tiefster Überzeugung.
Stell Dir diesen Menschen vor dem Besuch in der Blüte seines Lebens vor und nicht in der augenblicklichen Schwäche. Dann kannst Du positive Energie ausstrahlen, die dem Kranken hilft wieder auf die Beine zu kommen. Im Zustand des Mitleidens kannst Du nicht wirklich positive Energie ausstrahlen. Wenn Du im Namen des Kranken mit Ärzten und Pflegepersonal sprichst, erreichst Du mehr, wenn Du voller Energie bist. Natürlich brauchst Du erst mal selbst positive Energie... hier hilft dieses Buch oder ein Beratungsgespräch mit mir.

Wenn es auf den Tod zu geht, dann kannst Du nicht mehr sagen, dass alles gut wird. Es bleibt nichts anderes, als diese Tatsache zu akzeptieren. Du kannst Ruhe spenden und dabei helfen, dem Menschen die Angst vor dem Tod ein wenig zu nehmen. Näheres hierzu siehe im Teil 4 : My Way

Negative Menschen, chronisch und temporär

Menschen im negativen Zustand können einem durch ihr ständiges Herumnörgeln und ggf. durch Aggressivität ganz schön

Energie kosten. Auch diese Menschen kamen als fröhliche Kinder zur Welt und können zur Lebensfreude zurückfinden. Selbst wenn dies unglaublich erscheint.
Der einfachste Ratschlag ist, diese Menschen zu meiden oder den Kontakt zu minimieren. Das ist nichts Neues.

Wenn Ausweichen nicht möglich ist, was dann?
Hier ist es ratsam, das was man als negativ empfindet nicht an sich heran zu lassen. Das gelingt am besten, solange Du selbst voller positiver Energie bist. Negative Äußerungen ignorieren, wird den negativen Menschen vermutlich anfeuern „noch eine Schippe draufzulegen" Komm bloß nicht auf die Idee, einen angesäuerten Menschen umdrehen zu wollen. Geh auf das negative Thema ein und lenke das Gespräch zu einem anderen Thema, das weniger negativ ist. Achte darauf wie Du Dich innerlich fühlst, versuche Dich nicht von diesen Gefühlen (falls negativ, unangenehm) leiten zu lassen, versuche nach außen hin ruhig zu wirken.

Rückfragen der Art: „Entschuldigen Sie, habe ich das richtig verstanden…?" Jetzt folgt Deine Zusammenfassung. Je besser Du Dich in den anderen hineinversetzen kannst (Empathie) um so besser. Das eigene Ego etwas zurückstellen und mit dem negativen Menschen sprechen, nicht abwimmeln oder versuchen ihn zu überzeugen, kann oft helfen.

Es ist nicht so, dass ich solche Situationen suche, doch wenn es dazu kommt, will ich nicht weglaufen und habe den sportlichen Ehrgeiz in meiner (innerlichen) heiteren Gelassenheit zu verbleiben.
Hier noch Sätze, die Dir helfen, mir haben diese Sätze schon geholfen.

„Ich bin der Fels in der Brandung"

"Was kümmert sich eine Eiche, wenn sich ein Wildschwein an ihr reibt"

Ein Buchtipp zu diesem Thema [202] „Verbales Judo"
Es gibt ältere Menschen, die gerne von ihren Krankheiten und Operationen erzählen. Ok, bestätige das und lenke das Gespräch auf ein anderes erfreulicheres Thema. „Erzähl mal ein Schwank aus Deiner Jugend", auch wenn Du diese Geschichten schon oft gehört hast. Die älteren Menschen blühen hier richtig auf. Aktiv zuhören und Details erfragen, die Du noch nicht kennst. Es kommen oft erstaunliche, manchmal lustige Geschichten hoch, die niemand erfinden kann.

TV Nachrichten und Ähnliches

Alles Elend dieser Welt (Katastrophen, Krieg und Krisen) wird mit den TV Nachrichten über die Menschen ergossen, in Farbe und bewegten Bildern. Mehr Förderung von Depressionen ist kaum vorstellbar. Deshalb schaue ich keine TV Nachrichten mehr an. Mir reichen die Nachrichten im Radio und Internet.
Es ist wirklich furchtbar zu sehen wie sehr meine 83-jährige Mutter unter den TV Nachrichten litt. Inzwischen schaltet sie von selbst die TV-Nachrichten ab.

Oh Herr gib mir die Kraft,
Dinge die ich nicht ändern kann mit Gelassenheit hinzunehmen.
Gib mir den Mut Dinge zu ändern was geändert werden muß.
Und gib mir die Weisheit beides, das eine vom anderen zu unterscheiden.

Reinhold Niebuhr
amerikanischer Theologe, Philosoph und Politikwissenschaftler
* 21.06.1892, † 01.06.1971

So schlimm die Dinge auch sein mögen. Alles ist, soweit es kein Fake ist, bereits geschehen und lässt sich nicht mehr ändern.

Alles was Du tun kannst, ist Dich selbst zu ändern, Dich weiter-
zuentwickeln. Ggf an eine wohltätige Organisation zu spenden
oder selbst bei einer solchen Organisation mitzuarbeiten. Es gibt
so viele Organisationen die unabhängig von Regierungen, Banken
und der Industrie sind. Die sich um Menschenrechte, Wohl-
tätigkeit und um die Umwelt kümmern. Organisationen wie
Amnesty International, Greenpeace, die Gewerkschaften, SOS
Kinderdorf, Rotes Kreuz, roter Halbmond und noch viele mehr.
Beten kannst Du natürlich auch. Das ist ein Anfang. Nur wenn
Du selbst Frieden in Dir trägst, trägst Du Frieden in die Welt.
Nur wenn Du selbst glücklich bist, kannst Du andere beglücken.
Nur wenn Du selbst von etwas überzeugt bist, kannst Du andere
überzeugen. Nur wenn Du genug Geld hast, kannst Du etwas
spenden.

Bei den Thai Nachrichten siehst Du weit weniger Katastrophen,
Krieg und Krisen. Der Fokus liegt mehr im eigenen Land. Die
Reisernte ist immer ein großes Thema.
Es ist Deine Entscheidung, welchen Themen in Form von Text,
Ton, Bild, Video, Film Du Deine Zeit widmest. Ob es nun über
persönliche Gespräche, TV, Radio, Internet, Bücher Zeitungen,
Flyer oder Höhlenmalereien geschieht. Du wählst aus, was Du in
Dich hineinlässt, und das ist gut so. Darum wähle weise.

Fokussiere Dich auf Deine Themen, alles andere wird zu viel.
Doch bevor Du eine Weltanschauung wählst, schaue Dir die Welt
erst einmal an.

Vergleiche

*„Das Vergleichen ist das Ende des Glücks und der Anfang der Unzufrie-
denheit.“*

Søren Aabye Kierkegaard

(1813 - 1855), dänischer Philosoph, Theologe und Schriftsteller

Besonders Menschen mit Handicaps können unter Vergleichen mit Vorbildern aus Filmen, Musikindustrie oder Werbung leiden, "normalen" Menschen geht es hier nicht viel anders.

Diese Bilder sind durch Plakate, TV und Internet stets präsent. So werden uns Schönheitsideale suggeriert. Doch diese Bilder sind mit Photoshop etc. aufgehübscht. Die Models, Stars und Sternchen sind vermutlich von Natur aus recht hübsch, aber die Schönheitschirurgen waren garantiert auch mit am Werk.
Lass das Vergleichen mit diesen Vorbildern bleiben. Nimm Dich so an, wie Du jetzt gerade bist. Du bist ok so wie Du bist. Auch wenn Du z.B. kein Weltmeister in einer Sportart bist. Du bist ein Original und keine Kopie von jemand anderem, auch wenn bei Dir etwas anders ist als bei den meisten Menschen.

Wenn Du einen berühmten Menschen so siehst, dass es sich hier auch nur um einen Menschen handelt, der Stärken und Schwächen hat und Du von ihm lernen kannst, Grenzen und Probleme zu überwinden, dann ist das ein Vorbild, das dich weiter bringen kann.

Zeitdruck, Termindruck

Den "Zeitdruck"... Wer kennt Ihn nicht? Am besten großzügig planen und nicht jeden Termin annehmen. Mit zunehmendem Selbstbewusstsein schaffst Du das, sicher, ganz sicher.

Wenn es Dir gelingt Deine Arbeiten sinnvoll einzuplanen, wird es Dir viel besser gehen. Dazu gehört es auch mal „NEIN!" zu sagen, los trau Dich. Ob bei der Arbeit oder in der Freizeit.

Fang damit an, wo es am einfachsten für Dich ist "Nein" zu sagen. Nimm Dir auch selbst nicht zu viel vor, denn das schadet Dir nur, weil Du dann einen großen unüberwindbaren Berg siehst. Geh lieber Schritt für Schritt einzelne Stufen und freu Dich, auch über kleine Fortschritte. Jeder Fortschritt ist ein Erfolg.

Auch hier hilft eine gute mentale Einstellung. „Ich hab genug Zeit" gar nicht erst an Termindruck denken.

Bei ganz wichtigen Terminen, wie z.B. Vorstellungsgesprächen erwäge vor Ort zu übernachten.

Deshalb ist es sinnvoll die Arbeiten gut zu organisieren.

Vergiss nicht, auch Deine Lebenszeit geht vorbei, keine Stunde kehrt wieder.

Du kannst Dir Deine Lebenszeit wie eine Sanduhr vorstellen. Der obere Teil ist die Zeit, die Dir noch bleibt. Doch dieser Teil der Sanduhr bleibt Dir verborgen.

Die enge Stelle in der Mitte durch das die Sandkörner rieseln, das ist die Gegenwart.

Der untere Teil, der hinter Dir liegt, das ist die Vergangenheit und Du kannst diese Sanduhr des Lebens selbst nicht umdrehen.

Darum "Carpe Diem" Nutze den Tag, für Deine Arbeit, die schönen Dinge des Lebens, Deine Weiterentwicklung und den Umgang mit Deinen Mitmenschen. Dies in eine Balance zu bringen ist eine große Kunst, die nicht jeder schafft.

Falsch gefragt... Warum ich?

Warum gerade ich? Warum musste ausgerechnet mir das passieren? Warum hat Gott mich so bestraft? Diese oder so ähnliche Fragen kann man hören, wenn Menschen von Schicksalsschlägen getroffen wurden.

Falls Du Dich auch mit solchen Fragen beschäftigst, höre damit auf, denn diese Fragen bringen Dich überhaupt nicht weiter. Denn diese Fragen drehen sich nur um das Problem, um den jeweiligen Schicksalsschlag ohne jemals einen passenden Weg aus der Situation zu zeigen.

Frag Dich lieber: "Wie geht es jetzt weiter?". Wie kann ich mein Leben genießen?", "Was kann ich daraus lernen?", Damit nimmst Du Dein Leben selbst in die Hand und bleibst nicht einfach liegen. Wichtig ist, immer wieder aufzustehen.

Drama

„Du sollst nicht aus der Mücke einen Elefanten machen."

Volksweisheit

Wer kennt sie nicht? Menschen die aus allem ein Drama machen. Gar nicht auf das Drama eingehen ist meistens das Beste. Einfach zum Kern der Sache kommen.

Doch wie sieht es bei Dir aus neigst Du auch zu Drama? Nein natürlich nicht.

Wenn Dir eine Sache leichter von der Hand gegangen ist als erwartet. „War ja gar nicht so schlimm" Hast Du diese eine Sache schwieriger eingeschätzt als sie war? Das kann auf eine Dramatisierung hinweisen. Geh bitte in Dich und prüfe ob doch nicht ein klein wenig Drama im Spiel war. Das wäre ein Eintrag in Dein Tagebuch wert.

Sprich mit vertrauten Menschen vielleicht sehen diese Dinge die Dir dramatisch erscheinen viel gelassener. Kannst Du deren Einstellung für Dich übernehmen?

Drama bindet viel Lebensenergie, ohne Drama kannst Du diese Energie für sinnvolle Dinge nutzen.

(Hoch)sensibilität und Empathie

Zu diesen beiden Begriffen gibt es im Netz recht unterschiedliche Definitionen. Für dieses Buch möchte ich die folgenden Definitionen wählen:

Emphatie, sich in in einen anderen Menschen hineinversetzen zu können, auch wenn dieser einen anderen Hintergrund hat, z.B. Bildung, Beruf, Nationalität, Religion, Handicaps, Geschlecht. Hochsensible Personen (HSP) sind oft auch sehr empathisch.

Ich sag mal je besser Du Dich in jemanden hineinversetzen kannst, umso besser wirst Du mit ihm auskommen. Manchmal ist es jedoch gut Empathie und Sympathie zu trennen, besonders wenn es darum geht unangenehme ggf. auch aggressive Situationen aufzulösen.

Hochsensibilität, die Eigenschaft mehr wahrzunehmen als der Durchschnitt der Bevölkerung. Sozusagen das Gegenteil von abgestumpft sein. Wurde zu Dir früher gesagt: „Sei doch nicht so sensibel?" Oder „Du bist aber ein Sensibelchen?" Wenn ja, dann bist Du möglicherweise hochsensibel, besonders feinfühlig. Doch Vorsicht als hochsensibler Mensch nimmst Du sehr viel negative Emotionen Deiner Mitmenschen auf. Ebenso kann eine starke Geräuschempfindlichkeit auf Hochsensibilität hinweisen. Das Gute daran ist, Du siehst wo Konflikte entstehen und kannst diese entschärfen noch bevor diese eskalieren und als Vorgesetzter fällt es Dir leicht Deine Mitarbeiter zu führen, da Du „Deine Pappenheimer" kennst. Viele hochsensiblen Personen (HSP) wissen nichts von ihrer Hochsensibilität, deshalb verlinke ich hier diesen Test.   [204] HSP-Test.   Nur wenn Du weißt, dass Du HSP bist, kannst Du an Dir arbeiten und die positiven Aspekte des HSP Daseins entwickeln. Falls der Test eine hohe Wahrscheinlichkeit für Hochsensibilität ergibt, dann kann ich Dir aus eigener Erfahrung dringend dazu raten, Dich mit dem Thema HSP zu befassen. Vieles in Deinem Leben wird Dir klarer werden und viele Potenziale warten darauf entdeckt und entwickelt zu werden.

Eine vollständige Betrachtung der Hochsensibilität würde den Rahmen dieses Buches sprengen. Im Internet findest Du viele Informationen und Gruppen zum Thema HSP

Beispiele für (hoch)sensible Wahrnehmungen

- Urlaub. Hast Du in manchen Ländern den Eindruck, dass die Menschen glücklicher und zufriedener sind als bei uns? Die Menschen sind irgendwie lockerer und fröhlicher. Mir ist das ganz besonders in Thailand, Kenia und Kuba aufgefallen. Diese Wahrnehmung machen vermutlich die meisten Menschen.

93

- Ich bin 16 Jahre lang mit der Bahn zur Arbeit gefahren, ca. 80 Minuten für die einfache Strecke, umgeben von meist müden Menschen. Meistens war ich morgens recht munter, doch am Ziel der Reise war ich meist recht müde, und das obwohl ich immer aufmunternde Musik hörte. Ich spüre es wenn meine Frau neben mir müde wird, denn dann werde ich auch müde.

 - Babys knuddeln. Manchmal legt mir eine Mutter ihr Baby in die Arme. Das ist eine schöne Geste des Vertrauens, die ich sehr schätze. Leider weiß ich nicht so genau wie man so ein Baby hält, bin innerlich unsicher. Ich möchte natürlich dem Kind keinen Schaden zufügen. Das Kind merkt das und will schnell wieder zurück zur Mama. Bei anderen Menschen bleibt das Baby ruhig liegen. Menschen, die eben selbst Babys hatten. In diesem Fall war das Baby gerade 2 Monate alt und wir besuchten die Kleine zum ersten Mal. Wieso fühlt sich ein Baby bei einem (noch) fremden Menschen wohl und bei dem anderen nicht? Ich denke das Baby ist einfach sensibel genug um zu spüren wie der Erwachsene „tickt" und reagiert instinktiv mit Flucht.

- Kennst Du das auch? Du kommst irgendwo hin und irgendwie ist da „Dicke Luft". Menschen fühlen sich hier nicht wohl. Es liegt nicht an Dir, die dicke Luft ist schon da.

- Du telefonierst mit jemand, und merkst schon an der Stimme wie es dem Anderen geht, bzw Du merkst, dass er sich verstellt.

Druckstellen

Druckstellen am Körper können auf Dauer echt nerven. Zu enge Schuhe, Gürtel, Brille, Zahnersatz etc. Bitte achte darauf und schaffe diese Druckstellen ab. Als Brillenträger massierst Du sicher ab und an die Auflagepunkte Deiner Brille

„Steter Tropfen höhlt den Stein"

Ovid römischer Dichter 43 v. Chr. - 17 n. Chr.

Liebe die Leere

Ein wenig ungewöhnlich für einen westlichen Menschen, da wir doch immer Action haben wollen. Immer etwas tun, so muss es sein, nicht wahr? Und wenn Du Dich innerlich leer fühlst, dann ist das ganz furchtbar. Aber warum? Wenn Du in eine neue Wohnung oder ein neues Haus einzieht, dann soll das doch am besten leer sein, damit für das Neue Platz ist.

Wirf alles Herzeleid hinaus,
auf das in deinem Herzen
nichts als stetige Freude sei.

Meister Eckhart, 1260 – 1328
Theologe und Philosoph

Genauso kannst du die innere Leere sehen. Es ist Platz da für etwas Neues. Das ist doch gut. Wenn Du geistig emotionale Ziele hast, ist dann nicht ebenso ein freier innerer Raum für diese Ziele notwendig? Ist das "Loslassen" alter Dinge von dem so viele sprechen ein anderer Ausdruck, um diesen inneren Raum zu schaffen? Wo Hass und Angst ist, da ist kein Platz für die Liebe. Wo Neid und Missgunst ist, das ist kein Platz für Empathie. Wo Engstirnigkeit ist, da ist kein Platz für neue innovative Ideen, die die Welt verändern können. Als im Jahr 1881 das erste Berliner Telefonbuch erschien, wurde es "Das Buch der Narren" genannt und dennoch hat das Telefon und seine Nachfolger unsere Welt nachhaltig verändert.

Teil 3 : Make it real

Nachdem Du in den ersten beiden Teilen gesehen hast, welche Angewohnheiten nützlich und welche schädlich sind, geht es nun in die Umsetzung,

Wünsche, Ziele, Pläne

Du möchtest bestimmte Ziele erreichen im Leben, Herzenswünsche erfüllen. Hierzu möchte ich Dir ein einfaches System vorschlagen. Das S-E-W Prinzip.

Werde Dir bewusst was Du im Leben erreichen möchtest, was Dein Endziel ist und welche Etappenziele Du dazu erreichen möchtest. Falls Du das Endziel noch nicht sehen kannst, dann mache Dir einen 5 Jahresplan, falls Du das nicht sehen kannst, mach Dir einen Jahresplan.

1) Start: Beschreibe Deinen derzeitigen Ist-Zustand

2) Ende: Beschreibe Dein Endziel, Deinen Herzenswunsch mit Datum. Dieses Endziel kannst Du sehr hoch ansetzen.

3) Weg: Hier beschreibst Du Deinen eigenen Weg vom Start zum Ziel, mit Datum. Falls Dir der Weg zu diesem Zeitpunkt noch unklar ist, dann setze erreichbare Zwischenziele und beschreibe den Weg.

Mit Beschreiben meine ich wirklich schriftlich, handschriftlich oder ggf. in den Computer klopfen.

Dieses Schema hätte ich gerne selbst erfunden, habe ich aber nicht. Ich durfte dies in einem Seminar „Train the Trainer" kennenlernen. Ein Seminar wie man Erwachsenen Menschen etwas lehren kann, abgestimmt nicht nur für Hard und Software in der Telekommunikation.

Wenn Du einmal bildlich gesprochen „in den Seilen hängst" gibt Dir Dein Ziel neue Kraft, falls nicht bist Du noch auf der Suche und hast Dein Ziel noch nicht gefunden.

Von Oliver Kahn wird berichtet, dass er der beste Torhüter der Welt werden wollte, was ihm gelungen ist. Wenn es mal schlecht lief, hat er immer an dieses Ziel gedacht.

Stetigkeit ist eine wichtige Eigenschaft um seine Ziele zu erreichen. Dranbleiben, besser jeden Tag etwas an seinem nächsten Ziel arbeiten als einmal viel und dann mehrere Tage nichts.

Auch hier gilt besser ein kleiner Schritt und umsetzen als an einem zu großem Schritt scheiten oder diesen doch nicht anzugehen. Was zählt ist die Stetigkeit.

Steter Tropfen höhlt den Stein

Volksweisheit

Ziele sollten konkret sein

Setz Dir möglichst konkrete Ziele. Wenn Dein Ziel ein Auto ist, dann weißt Du sicher, welches Modell, welche Ausstattung, welche Farbe etc. und ein Bild dieses Autos hängt sicher an Deiner Wand.

Doch wie sieht es mit immateriellen Zielen wie Lebensenergie, Selbstvertrauen und Freude aus? Wie kannst Du diese Ziele visualisieren?

Hier hilft ein Tagebuch, ein Wandkalender oder etwas Ähnliches.

Gehe am Ende des Tages oder am nächsten Morgen kurz in Dich und stelle Dir diese Fragen:

War es ein freudiger Tag?

Habe ich heute Selbstvertrauen gezeigt?

War ich heute voller Lebensenergie?

Hierzu kannst nur Du Deine Kriterien finden und es kann auch eine Weile dauern bis Du die passenden Kriterien gefunden hast.

Dann kannst Du z.B. Emoticons in Deinen Kalender eintragen.

F-) ein freudiger Tag
F-)))) ein ganz besonders freudiger Tag

F-| neutral

F-(kein freudiger Tag

ebenso für

S-) Selbstvertrauen

und

E-) Energie

Wenn Du auf Deinen Kalender schaust und permanent mit 80% oder mehr im positiven Bereich liegst dann ist das Ziel erreicht. Sei ehrlich zu Dir selbst. Geh das Ganze gelassen an... es ist noch kein Meister vom Himmel gefallen.

Falls Du ein elektronisches Tagebuch benutzt, lassen sich diese Emoticons (Smileys) einfach finden.

Ein Bild sagt mehr als tausend Worte (Volksweisheit)

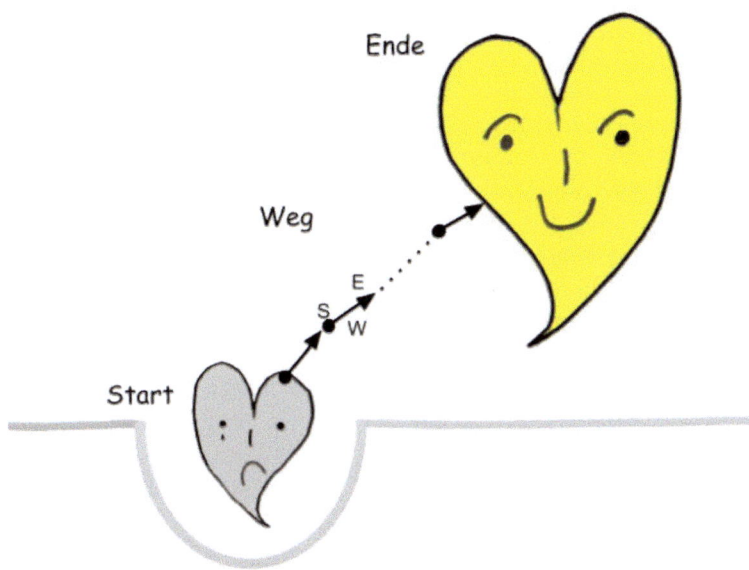

Tagesplan

Sicher erinnerst Du Dich an die weißen Zettel im Abschnitt "Offene Punkte". Diese kannst Du nun einplanen. Ich kann Dir empfehlen abends einen groben Plan für Deinen nächsten Tag zu machen. Am besten gleich mit Terminplaner. So kannst Du alles, was Du am nächsten Tag erledigen willst einplanen. Der Vorteil ist, Du kannst am nächsten Tag gleich frisch starten, ohne an die Planung denken zu müssen. Für die meisten Menschen ist die kreativste und effektivste Zeit am Morgen. Manche lernen z.B. am besten in der Nacht. Finde für Dich heraus zu welchen Zeiten Du was am besten machen kannst und plane entsprechend. Lasse auch Zeit für Unvorhergesehenes frei. Damit kannst Du Deine Fähigkeiten und den Tag am besten für Dich und Deine Lieben nutzen.

Routinen

Routinen oder auch Prozesse genannt sind eine praktische Sache. Ständig wiederkehrende Arbeitsschritte werden einmal zentral definiert und ein globaler Konzern arbeitet auf der ganzen Welt gleich. Doch man sollte das Ganze nicht übertreiben. „80% unserer Arbeit kann man in Prozesse abbilden, für den Rest muss man selbstständig denken", sagte ein Manager zu mir. Manche Menschen mögen es, wenn sie nur vorgegebene Routinen abarbeiten dürfen, für andere ist das todlangweilig.

Gleiches gilt für das Privatleben, ist einmal alles in Routinen eingefahren, dann führst Du ein langweiliges graues Leben. Alltag, immer der gleiche Trott. Trennungen aus Langeweile sind nicht selten. Besser nur das in Routinen packen, was in der aktuellen Lebenssituation Sinn macht.

Beispiel: Als wir noch beide angestellt waren, blieb nur der Samstag für den Großeinkauf, wie für die meisten Menschen. Heute ist der Montag der Großeinkaufstag und das ist gut so, denn montags sind die Geschäfte leerer.

Doch bei aller Routine, vergiss die Freude, den Spaß und die Liebe nicht.

Ordnung ist das halbe Leben

Ich meine damit, dass die wichtigsten Dinge in Deinem Leben einen festen Platz haben. Zum Beispiel die Schlüssel auf dem Schlüsselbrett gleich neben der Eingangstüre. Meiner Frau ist das egal, sie verstaut ihre Schlüssel in dieser Ausstülpung der weiblichen Seele, die man gemeinhin Handtasche nennt. Deine Geldbörse, Dein smartes Phone, ggf. Deine Brille, Sonnenbrille etc. sollten einen festen Platz haben, das kann ich Dir nur wärmstens ans Herz legen. Ist das einmal in Deinem Leben integriert, musst Du nicht mehr nach diesen Dingen suchen. Etwas suchen zu müssen ist doch total unsexy, besonders wenn es wieder einmal eilig ist. Gerade wenn Deine Sehkraft weniger wird, ist es umso wichtiger, dass die Dinge auf ihrem Platz liegen.

Ausmisten

Auch Dinge, die man nicht mehr braucht und einem ständig im Auge sind, beanspruchen unsere Aufmerksamkeit, also weg mit dem was weg kann. Damit Du Platz für Neues hast.
Frei nach [301] Du brauchst einen Abfalleimer und eine freie Fläche.
Schublade für Schublade und Ablage für Ablage vollständig entleeren und feucht wischen.
Inhalt auf die freie Fläche legen, unten rechts.
Jetzt für jedes Ding entscheiden.

- Wegwerfen, in den Abfalleimer
- Behalten, nach oben rechts schieben
- Verkaufen z.B. Ebay oder Flohmarkt nach oben links schieben.
- weiß nicht, nach unten links legen.
„Weiß nicht" am besten noch mal bearbeiten, was übrig bleibt in einen Karton und ab
damit in den Keller oder auf den Speicher und bei der nächsten Aufräumaktion wieder auf den Tisch bringen. Siehe auch [302]

Teil 4 : My way

Einige Geschichten aus meinem Leben, ohne die ich nicht der geworden wäre, der ich heute bin. Ohne diese Geschichten hätte ich dieses Buch nie geschrieben.

Mein Start ins Leben..

...ein bisschen anders als sonst.

Juli 1962 es ist heiß, richtig heiß. Vielleicht bin ich deshalb in Steißlage auf die Welt gekommen, weil meine Mutter zuvor mit mir die Treppe heruntergepurzelt ist. Eine gewisse Neigung zum Quer- und Andersdenken rührt vielleicht daher, wer weiß.

Nach 7 Wochen durften mich meine Eltern nach Hause holen. Das war nicht so schwierig, denn ich wog nur 3,5 kg. Säuglingsgelbsucht da „darfst" Du erst mal im Krankenhaus bleiben. Etwas später entstand dieses Foto und zeigt die frühe Neigung zur Telekommunikation. Tatsächlich bin ich später in diese Richtung gegangen

Dazu später mehr.

Zu dieser Zeit wurde der erste Telekommunikationssatellit in den Orbit geschossen und übertrug die ersten TV-Bilder über den

Atlantik. Ja genau so heißt das Meer, das zwischen Europa und Amerika liegt. „Telstar" [401][402] war sein Name. Ich wurde in die Ära der weltumspannenden Telekommunikation und Raumfahrt hineingeboren.

Mein Bruder, behindert

Zwei Jahre später kam mein Bruder Martin zur Welt. Es stellte sich leider heraus, dass er 100 % schwerbehindert ist. Er wird vermutlich nie ein eigenständiges Leben führen können.

Rollstuhlfahrer oder Blinde kann sich jeder vorstellen. Doch bei meinem Bruder ist es anders. Als Baby schien alles ok zu sein. Doch dann stellte sich heraus, dass er noch nicht sitzen konnte, als andere Kinder schon saßen. Laufen lernte er auch sehr viel später und ist auch heute recht wackelig auf den Beinen. Sprechen hat er nie gelernt. Er kann nur blökende Laute von sich geben und schreit manchmal, manchmal scheint er zu versuchen Worte zu formen.
Man sollte ihn rechtzeitig auf die Toilette setzen, sonst kann etwas daneben gehen. Heute lebt er in einem Heim und wird dort von engagierten Menschen gut betreut. Meine Hochachtung diesen Menschen. Wir wissen nicht genau, was er alles versteht, einfache Dinge wie aufstehen, hinsetzen, Licht anmachen versteht er. Wenn man ihm sagt, dass er Autofahren darf, dann freut er sich. Er versteht vermutlich mehr als wir vermuten.

Ihr könnt euch vorstellen, dass dies für eine Arbeiterfamilie in den 60er Jahren und auch später nicht ganz einfach war. Es gab damals bereits Einrichtungen für Behinderte. Für die Eltern und seinen Bruder, also mich, gab es damals noch keine Hilfen. Meine Eltern hatten in ihrer Kindheit die Schrecken des zweiten Weltkriegs erlebt. Wir waren in keinster Weise auf den Umgang mit einem Schwerbehinderten Kind vorbereitet.

Wenn wir in der Öffentlichkeit waren, zogen wir immer die Blicke der Passanten auf uns. Klar man kann es den Leuten rational gesehen nicht übel nehmen. Mein Bruder befindet sich optisch und akustisch außerhalb der normalen Erfahrungswelt der Menschen. Emotional war dies wirklich nicht schön für mich und meinen Vater. Unsrer Mutter schien dies nichts auszumachen.

Die Behinderung meines Bruders nahm natürlich großen Raum in unserem Leben ein. Viele Gespräche drehten sich darum, bei Besuchen sowieso. Auch waren wir oft bei den Festen der verschiedenen Behinderteneinrichtungen und ich fand die Stimmung dort angenehm.

Jahre später, ich war bereits verheiratet. Wir waren unterwegs mit der Schwester meiner Frau. Deren Mann und ihrer kleinen niedlichen Tochter. Welch ein Unterschied. Rational verständlich, doch vom emotionalen her überwältigend. Die Kellner waren entzückt von dem kleinen Mädchen, bei meinem Bruder waren sie halt bemüht sich nichts anmerken zu lassen. Ich mache niemandem einen Vorwurf, alles ganz normal. Damals wurde mir so richtig bewusst, wie anders mein Leben bislang gelaufen war. Hatte ich doch keinen normalen Bruder oder Schwester.

Auch heute ist es manchmal noch schwer für mich die Laute meines Bruders zu ertragen, vor allem wenn ich mal gestresst bin. Glücklicherweise kommt gestresst sein bei mir immer weniger vor.

Ich habe nun mal ein feines Gehör, höre gerne Musik, die Stimmen der Natur. Unangenehme Geräusche stören mich halt, wie z.B. diese Laubbläser, Staubsauger etc.

Leider zeigen nur wenige Menschen Verständnis für meine Situation. Dennoch finde ich es besser diese Dinge auszusprechen, die einen umtreiben, als sie nur um des lieben Frieden willens herunterzuschlucken.

Kann ich jedem in einer vergleichbaren Lage nur empfehlen, das auszusprechen, was ihn bewegt. Auch wenn Du zunächst die Ablehnung der Mitwelt auf dich ziehst. In meinem Fall kamen Sätze wie: „Wie kannst Du sowas sagen", "Er kann doch nichts dafür", "Das musst Du aushalten" usw. Doch Du hast auch den Wunsch glücklich zu sein, Dein eigenes Leben zu führen. Immer nur dulden, aushalten, ertragen ist auf Dauer nicht gut für Deine seelische Gesundheit und hilft auch niemand.

Dennoch genoss ich eine einigermaßen normale Kindheit und Jugend, mit Freunden allen möglichen Unfug anstellen, wie auf die höchsten Bäume klettern etc.

Meine Frau und andere Thailänder nehmen meinen Bruder so an wie er ist, dies hat zu einer Bewusstseinsveränderung bei mir geführt. Klar hatte ich mich gezwungenermaßen damit abgefunden, dass mein Bruder so ist wie er ist. Die Art und Weise wie meine Frau die Behinderung annimmt ist anders als wir Westler dies tun. Es ist die Annahme dessen was ist in totaler Empathie. Kein sich damit abfinden in Resignation oder erzwungenem Ruhig sein müssen.

Wenn wir eines Tages nach Thailand auswandern, werden wir meinen Bruder mitnehmen.

Hatte die Situation mit meinem behinderten Bruder auch Vorteile? Eine erweiterte Weltsicht, dass auch „Normalität" etwas Relatives ist. Für uns war es (fast) normal mit meinem Bruder zu leben. Familien mit gesunden Kindern können sich dieses Leben nur schwer vorstellen, haben ja auch keinen Grund dazu. Wenn ich gesunde Kinder sehe, dann freue ich mich um so mehr, denn so soll es sein. Ich mag Kinder und die mögen mich auch. Inzwischen bin ich Opa von einem kleinen lebhaften, äußerst lebhaften Thaimädchen. Das ist einfach Klasse, so Klasse. Sie hat mich in ihr Herz geschlossen und ich sie auch.

So durfte ich beim therapeutischen Reiten auch aufs Pferd, alleine wohlgemerkt. Das gute Tier ging mit mir durch und galoppierte durch die Pferdekoppel. Hab den Hals des Pferdes umarmt, wie in den Indianerfilmen gesehen. Hat mir einfach nur einen Heidenspaß gemacht, Herunterfallen? kein Gedanke daran. Angst? Nö. Nach ein paar Minuten konnten die Betreuer das Pferd stoppen und mich vom Pferd heben, schade hätte noch eine Weile so gehen können.

Die Brille

In die Schule gekommen, stellte sich heraus, dass ich kurzsichtig bin, also bekam ich eine Brille.

Hat mir erst einmal nicht so gefallen, weil Brillenträger nicht Astronaut werden können. Damals waren die Amerikaner so freundlich, genau zu meinem 7. Geburtstag ihren Mondflug zu starten (Apollo 11)... wir hatten gerade den ersten Fernseher und alle kleinen Jungs bauten Raketenmodelle zusammen... ich war total fasziniert von der Mondlandung....

...wir spielten damals den Raketenstart nach, hinterm Haus Feuer gemacht... eine Metallplatte auf das mit Backsteinen umrahmte Feuer gelegt... eine weggeworfcne Spraydose war die Rakete und der verlassene Hühnerstall unser Kontrollzentrum... puff, die Dose explodiert und fliegt ein Stück nach oben... Jubel
beim Bodenteam... also bei uns im Hühnerstall... Was halt kleine

Jungs so machen... hat Spaß gemacht und niemand ist zu Schaden gekommen.

Außerdem las ich immer schon immer viel.

Zur Fasnacht ging ich gerne als Cowboy, doch als Cowboy mit Brille kam ich mir etwas komisch vor. In den Wildwest Filmen hab ich keine Cowboys oder Indianer mit Brille gesehen.

Dennoch nam ich die Brille hin, sie hat definitiv das Sehen verbessert. Ich hab das einfach hingenommen und so gelang es den anderen auch nicht, mich zu ärgern.

Dennoch sollte es schlimmer kommen, dazu später...

Schule

Bin lieber mit meinen Freunden draußen herumgezogen, die Hausaufgaben hab ich irgendwie eher unwillig gemacht.

Das Interesse an den Schulfächern hing sowieso von der Sympathie zu den jeweiligen Lehrern ab.

Deutsch war für mich der totale Horror. Wie können Schulbuchautoren und Lehrer nur auf die weltfremde Idee kommen Kindern die gerade ihre Muttersprache erlernen mit lateinischen Fremdwörtern zu traktieren? Meine Eltern hatten Ihre Schulbildung im dritten Reich erhalten und das auch nur als Not Beschulung. Es war Krieg und die Lehrer an der Front. Mehrere Klassen wurden zusammengefasst und von einem kriegsversehrten Lehrer unterrichtet. Somit konnten meine Eltern mit Verb, Plural, Plusquamperfekt und dergleichen nur wenig anfangen.

Dann wurde auch noch festgestellt, dass ich Legastheniker (wegen meiner vielen Rechtschreibfehler) und Linkshänder bin.

Glücklicherweise waren die Pädagogen dieser Zeit der Ansicht mich als Linkshänder zu belassen.

Mathe, Geschichte, Physik, Geografie und Chemie fand ich gut, vor allem die Chemie wegen der Versuche, denn es hat so herrlich gebrodelt, geblitzt und geknallt.

Der kleine Forscher und Rennfahrer

Klein Armin war fasziniert von Schraubenziehern und Werkzeug aller Art und hat so ziemlich alles was ihm in die Hände kam auseinandergenommen und selbst vor der Wohnzimmer Stehlampe nicht halt gemacht. Er wollte einfach wissen wie die Dinge funktionieren.

An einem schönen Spätsommertag wagte er und ein Freund den Ausstieg aus der Dachluke ihres 8 Familienhauses. Toll, da war ein gangbarer Weg zwischen den Schornsteinen, war schon ein tolles Gefühl im lauen Spätsommerwind auf dem Dach zu stehen. Wir konnten nicht verstehen was Mutter uns vom Garten aus zurief. Das Ganze endete in einer Tracht Prügel, war halb so wild, dank dieser wunderbaren Lederhose. Ich schrie dennoch, war aber mehr ein Bluff..

Bei den Großeltern im Harz gab es eine Sommerrodelbahn, eine Betonpiste mit richtigen Steilkurven. Klein Armin wollte immer richtig „Gas geben", um die Steilkurven ganz oben ausfahren. Leider waren vor ihm immer diese Familienväter, die mit ihren kleinen Kindern so unerträglich langsam durch die Piste schlichen. Doch einmal war die Bahn frei und er konnte nach Herzenslust Gas geben, sodass er in einer flachen Kurve geradeaus fuhr. Er war wohl nicht der Erste, den es hier aus der Bahn trug, war doch an dieser Stelle weiche Erde üppig aufgeschüttet. Befürchtete Bestrafungen blieben aus. Eltern und Großeltern waren heilfroh, dass der Junge zwar schmuddelig jedoch ohne ernsthafte Verletzungen nach Hause kam.

In der Schulzeit bekam ich einen „Kosmos Elektronik Experimentierkasten" geschenkt. Damit konnte ich ganz tolle elektronische Schaltungen bauen, ein Radio, Blinklichter usw. Einmal schloss ich etwas falsch an und ein kleiner Transistor flog mir um die Ohren, genauer gesagt ein Beinchen mit ein wenig Gehäuse daran. Da nichts weiter dabei passiert ist, beschloss ich, mich weiter mit der Elektronik zu befassen. So sind der Welt einige Chemieunfälle erspart geblieben. Das Begleitbuch zu dem Experimentierkasten fand ich großartig, hier war alles einfach verständlich erklärt und gerade die Zeichnungen fand ich einfach genial. Ja Elektronik das sollte mein Ding werden, Computer kamen erst später hinzu.

Die Großeltern

Meine Großeltern väterlicherseits im Harz. Anfangs arbeitete Opa noch im Sägewerk. Er war ein begnadeter Mechaniker und die Dampfmaschine war seine Welt. Meine Cousinen und ich liebten unseren Opa, hingen an seinen Beinen, wenn er verschmitzt lächelnd von der Arbeit nach Hause kam. Uns störte nicht, dass er im 1. Weltkrieg sein Gehör verloren hatte und seine Aussprache schwer verständlich war. Oma thronte meistens im Fernsehsessel, sagte wenig, und wenn dann recht orakelhafte Dinge. Im Keller fanden sich noch manch geheimnisvolle Kräuter Mischungen, die Oma angerührt hatte. Wie auch immer, Oma war der Mittelpunkt der Familie, und ich mochte sie sehr. Mein Opa war eigentlich gar nicht mein richtiger Opa. Mir war das egal. Genau so ist die Situation mit meiner Enkeltochter. Ein Kreis hat sich geschlossen.

Mein Opa mütterlicherseits starb als ich vier war. Er war als Kriegsgefangener in Nordnorwegen, dort ist ihm ein Zeh abgefroren. Dann wurde er vor seiner Heimkehr nach Südfrankreich verlegt, dort musste er in den Weinbergen arbeiten. Oma war eine sehr ernste Frau. Heute ist mir bewusst, dass viele Glaubenssätze von Generation zu Generation übertragen wurden. Unsere Eltern und deren Vorfahren hatten wirklich ein hartes

Leben in der Landwirtschaft oder den Fabriken, viele mussten zwei Weltkriege über sich ergehen lassen. Schule gab es nur wenig, Sonntags sagte der Pfarrer von der Kanzel herab, was gut und richtig war, und um ein Buch zu lesen, waren die Menschen abends einfach zu müde. Bei Unternehmern, Adligen und sonstigen höher gestellten Menschen sah das Leben wohl anders aus. Die Ansicht "Schuster bleib bei Deinen Leisten" etc. mag wohl in grauer Vorzeit entstanden sein und wurde von Generation zu Generation ungeprüft übernommen, da die Gesellschaftsordnung streng hierarchisch war.

Doch heute sind wir in der Lage, alte Glaubenssätze zu hinterfragen. Unermessliche Informationsquellen in Form des Internets, Büchern und Filmen stehen uns zur Verfügung. Auch der Austausch mit anderen in Foren. Wer lesen kann, hat heutzutage die Möglichkeit, sich selbst und sein Leben zu verändern. Diese Möglichkeit hatten unsere Vorfahren nicht.

Ausbildung und Weiterbildung...

...ich entschied mich für eine Ausbildung zum „Fernmeldehandwerker". Zusätzlich noch das „A1-Programm" absolviert. Dadurch hatte ich einen Abschluss, der mit der mittleren Reife vergleichbar war.
Damit verbunden war der Schulbesuch an Samstagen. Das ist mir nicht immer leicht gefallen, doch meine Mutter hat mich dann schon geweckt. Manchmal spielte ich mit meinen Freunden Skat und ich ging dann eben am nächsten Morgen in die Schule. Schließlich gelang es mir auch den Weg von einer durchfeierten Nacht irgendwo in Mannheim (Navis kamen erst einige Jahre später) zur Schule zu finden. Im Bus traf ich mir bekannte

Mädchen, die mich um diese Zeit in diesem Bus nicht erwarteten, das war lustig. Immerhin lernte ich nach solchen Aktionen den Unterschied zwischen rein körperlicher und geistiger Anwesenheit kennen. Den Abschluss Schafte ich dennoch irgendwie.

Ein Baum rettet unser Leben

Nach der Ausbildung fuhr ich mit meinen Freunden an die Cote Azur. Kurz vor dem Mittelmeer durchquerten wir eine bergige Gegend mit engen Serpentinen.

Im Wagen vor mit wand sich Fred (Name geändert) geschickt aus dem Fenster und setzte sich auf den Türrahmen. Der Haltegriff im Auto genügte ihm um sich festzuhalten.

Ich tat es ihm gleich und was soll ich sagen, es roch nach Meer, die mediterrane Sonne auf der nackten Haut und der warme Fahrtwind strich durch das Haar, einfach herrlich, großartig, einmalig. Côte d' Azur wir kommen.

Wir jungen Kerle.. im Überschwang der Jugend... noch ledig und der Kontrolle der Eltern entronnen... das erste Mal weit weg von zuhause... waren wir im Nachhinein betrachtet schon leichtsinnig...

dann setzte ich mich wieder ins Auto... keine Sekunde zu früh… wir waren zu schnell... die nächste Kurve zu eng... die Reifen quietschen... schwarze Streifen auf dem Asphalt... ein Baum fängt uns auf... gerade stark genug uns und unser

Auto zu halten...dem einzigen Baum weit und breit. Ansonsten ging es hier 200 bis 300 m steil... richtig steil bergab... ohne diesen Baum wären mein Freund Karl (Name geändert) und ich vermutlich nicht mehr am Leben…

Unsere Freunde holten Hilfe aus dem nächsten Dorf...wir wurden aus dem Baum gehoben... das Auto repariert... nur die Lenkung war von nun an recht schwerfällig... was uns nicht weiter gestört hat.

Dennoch hatten wir einen schönen Urlaub am Mittelmeer und der Unfall mit dem Baum war schnell überwunden.

Damals keimte in mir der Gedanken auf, dass noch eine Aufgabe auf mich wartet, in diesem Leben. Weil ich dem Tod nur so knapp entronnen war. Wieder einmal, eine Säuglingsgelbsucht ist auch kein Schnupfen. Später, als leidenschaftlicher Motorradfahrer gab es Situationen, die wirklich brenzlig waren. Dazu später mehr...

Riss in der Netzhaut

(1983) Es kam ein richtiger Tiefpunkt in meinem Leben im Alter von 21.
Diagnose: Riss in der Netzhaut .

Im Laufe der Jahre erfolgten drei Operationen, doch es war zu spät. Das linke Auge war nicht mehr zu retten.
Ein Grund wie Unfall, Schlägerei etc. war nicht erkennbar. Alle von starker Kurzsichtigkeit Betroffenen sind gefährdet. Sollten sich ihre Netzhäute regelmäßig kontrollieren lassen.
Ein normales Auge ist kugelrund, das kurzsichtige (myope) Auge ist eher eiförmig. Die Augenärzte wissen das.

Das war für das Selbstwertgefühl gar nicht gut. Bangen und hoffen, ob die nächste Operation etwas bringt. Doch ich habe mich schließlich wieder gefangen und sagte in einer Art Galgenhumor „Der Einäugige ist der König unter den Blinden", mir immer wieder und wieder.
Seit 1999 laufe ich mit einem Glasauge durch die Welt und bin meinen Weg trotz dieser Einschränkung gegangen und gehe ihn weiter.
Ich entschloss mich dazu, mich auf das zu fokussieren was ich noch sehe und mich daran zu erfreuen. Dieses Gedicht war und

ist dabei sehr inspirierend für mich:

Johann Wolfgang von Goethe

Der Türmer

Zum Sehen geboren,
Zum Schauen bestellt,
Dem Turme geschworen,
Gefällt mir die Welt.
Ich blick in die Ferne,
Ich seh in der Näh
Den Mond und die Sterne,
Den Wald und das Reh.
So seh ich in allen
Die ewige Zier,
Und wie mirs gefallen,
Gefall ich auch mir.
Ihr glücklichen Augen,
Was je ihr gesehn,
Es sei wie es wolle,
Es war doch so schön!

Mandy, auf Drogen

Damals hatte ich einen Kumpel, der ganz schön über die Stränge geschlagen hat. Er hatte eine Freundin namens Mandy (Name geändert) Sie war damals gerade 16 Jahre alt, ein Kind von reichen Eltern. Ein freundliches, bildhübsches junges Mädchen. Eines Tages war Mandy verschwunden. Handys gab es damals noch nicht. Später erfuhr ich, dass sie drogenabhängig war... Heroin. Als sie auf Entzug war, besuchte ich sie. Ein Schock fürs Leben... die Tür öffnete sich... vor mir stand eine alte Frau... stumpfe

Haare... aufgedunsen... vollgepumpt mit Medikamenten. Sie konnte sich nur noch mit kleinen Schritten bewegen und lallend sprechen. Darauf war ich nicht gefasst und ich weiß auch nicht mehr wie dieses Gespräch weitergelaufen ist. Es ist schon erschreckend wie die Drogen einen jungen Menschen zerstören und in diesem Fall so schnell altern lassen.

Keine Macht den Drogen, schwor ich mir damals. Mandy wurde in eine andere Klinik verlegt und ich verlor den Kontakt zu ihr.

Knastbesuch

Ich weiß nicht mehr was oben besagter Kumpel ausgefressen hat, jedenfalls ist er im Knast gelandet. Ich besuchte ihn dort. Er hatte seine eigene Vorstellung vom Leben, die mit der allgemeinen Gesetzgebung nicht immer kompatibel war. Er war gut zwei Meter groß und ein gut durchtrainierter Boxer, so musste ich mir wenig Sorgen um ihn machen. Bei dieser Gelegenheit erfuhr ich, dass die Knackis Hitlers Geburtstag feierten, warum auch immer. Außerdem mochten die Knackis Kinderschänder nicht. Bemerkenswert fand ich die Frauen der Knackis, die standen zu ihren Männern hinter den Gittern. Mit einer bin ich ins Gespräch gekommen, hab sie auf dem Fahrrad-Gepäckträger zur nächsten Bushaltestelle mitgenommen.

Studium

(1985- 1990) Dann war es endlich soweit, das Studium. Eine Zeit, die ich wirklich freudig genoss. Bin gerne in die Vorlesungen gegangen, es war meine freie Entscheidung zu studieren. Es gab damals noch diese schrulligen zerstreuten Professoren, die schon mal mit zwei Krawatten ankamen und mit dem Taschenrechner die Tafel putzten, hab ich wirklich so erlebt. Die meisten Profs jedoch waren ganz da und präsentierten Ihre Vorlesungen sehr souverän, mit Witzen und Anekdoten bereichert.

Besonders beeindruckend fand ich die Ausführungen eines Mathematik Professors zur „Kreativen Faulheit", dass man gar nicht so viel büffeln muss, wenn man einen kreativen Weg des Lernens findet. Ich habe das gleich umgesetzt. In den Vorlesungen wach und präsent sein, mit dem Ziel die Inhalte gleich zu verstehen. Das hat auch funktioniert, fast immer. So konnte ich neben dem Studium noch einen Nebenjob annehmen. Der Job hatte auch Spaß gemacht. Ich war „Hiwi" (Hilfswissenschaftler) an einem Sozialforschungsinstitut. Mal wieder ein Blick über den Tellerrand. Habe ich es schon erzählt? Ich liebe den Blick über den Tellerrand. Außerdem wollten das WG Zimmer, Auto und Motorrad finanziert werden. Das BAföG (staatlicher Kredit an Studierende) hätte nicht gereicht. Dennoch bin ich dankbar, dass ich von unserem Staat durch das BAföG gefördert wurde, denn sonst hätte ich nicht studieren können.

Am Anfang des Studiums war ich noch voller Zweifel, ob ich es wirklich schaffen werde, das Studium war nicht gerade einfach. Doch irgendwann, ich glaube es war im dritten Semester, hatte ich die Gewissheit, dass ich es schaffen werde und so kam es auch.

Dann kam mir der Gedanke „Jede Klausur 1,0" und zwar mit der Selbstverständlichkeit, dass es nach der Nacht wieder Tag wird. Weil das so selbstverständlich ist, braucht man auch nicht ständig daran zu denken. Schließlich beendete ich mein Studium mit der Traumnote 1,8, darauf bin ich auch heute noch stolz. Bin Dipl.-Ing. (FH) Nachrichtentechnik geworden.

Viele Kommilitonen, mit dem Minimal-Ziel „durchkommen" sind schließlich durchgefallen.

Die Durchfallquote lag irgendwo zwischen 80 - 90%

Bei mir lief das Studium richtig gut, konnte ich es doch nach meinen eigenen Vorstellungen gestalten. Konnte mich neben Studium und Nebenjob auch den Freunden und der Familie widmen, Zeit fürs Motorradfahren hatte ich auch. Das Studium war für mich 20 % Wille und 80 % Freude.

1989, Geschafft, stolz halte ich meine Diplomarbeit in meinen Händen

Die Einheit

Manchmal geschehen Dinge an die kaum jemand glaubt, die Einheit Deutschlands ist so ein Beispiel.

Ich bin mit der Teilung aufgewachsen, Opa und Oma väterlicherseits lebten in Sankt Andreasberg im Harz. Von dort konnten wir den höchsten Berg des Harz sehen, den Brocken. Der Brocken lag bereits im Osten.

Entlang der deutsch-deutschen Grenze waren auf der westlichen Seite hölzerne Aussichtsplattformen aufgebaut, auf denen wir die Grenze betrachten konnten.

Das sah für mich aus wie ein Gefängnis, der Stacheldrahtzaun, das gerodete Land, Todesstreifen genannt und die Wachtürme auf denen die Grenzer ständig durch Ferngläser schauend zu sehen waren,

Durch einen Zufall durfte ich eine Studentengruppe in Ost Berlin besuchen. Grenzübertritt im „Checkpoint Charlie". War ein recht beklemmendes Gefühl von den DDR Beamten gefilzt zu werden, ich hatte eine Briefmarke mit einem schönen Blumenmotiv im Geldbeutel. Über den Blumen stand „Love" und unter den Blumen stand „USA" Den Blick des Grenzbeamten werde ich nie vergessen, er verstand die Welt nicht mehr. Auf dem Rückweg sah ich wie sich Liebespaare traurig verabschiedeten.

Wenige Jahre später kam ich wieder nach Berlin, Übernachtung im Hotel am Alexanderplatz (Ost-Berlin). Von dort sind wir mit der Tram zum Ku'damm gefahren, Kollegen treffen. Von der Tram aus, konnte ich den „Checkpoint Charlie" erkennen, wir sind daran vorbeigefahren als hätte es diese Grenze nie gegeben. Wie sich die Dinge, selbst historische Dinge doch in wenigen Jahren ändern können.

Kuba

(1989) Die Diplomarbeit fertig, mir stand der Sinn nach Sonne, Palmen und Meer. Das „Last Minute" Reisebüro hatte gerade Kuba im Angebot. Also gut, Kuba.

Ein unvergesslicher Flug

Vor den Starts verteilten die Stewardessen Bonbons. Da ich freundlich danach fragte, durfte ich die Piloten besuchen. Im Cockpit fühlte ich mich wie in einem fremden Raumschiff, waren doch sämtliche Beschriftungen in kyrillisch. Ok ich befand mich an Bord einer russischen Iljuschin Maschine der „Cubana" Airline. Hauptsache die Piloten kommen damit klar... und sie kamen, eine solch samtweiche Landung wie in Havanna durfte ich seither nie mehr erlebt. Ein wunderschöner Landeanflug über dem Meer, in dem sich lavarot die gerade untergehende Sonne spiegelte und die Wolken orange rot erstrahlen ließ.

Unerwarteter Besuch im Hotel

Die erste Nacht im Hotel: irgendwann stand ein Kubaner in meinem Zimmer. Er erzählte irgendwas von „Hermana". Hermana heißt Schwester auf Spanisch, das einzige Wort, das ich verstand, dank meiner Vorbereitung mit einem kleinen, gelben Wörterbuch. Irgendwie konnte ich den Mann überzeugen, mein Zimmer zu verlassen und ich konnte weiterschlafen.

Ein schönes rotes Kleid im Intershop

Das Hotel und seine Disco war auch für ganz normale Kubaner zugänglich und so kam ich mit den Einheimischen ins Gespräch. Die Kubaner wollten den Mauerfall in Berlin gar nicht glauben... Ich erlebte die Kubaner als sehr freundlich, fröhlich und kommunikativ. So kam es dass ich in einem Intershop ein wunderschönes rotes Kleid für eine Kubanerin kaufte. Ein Kubaner hatte mich darum gebeten, mir einige Dollars gegeben und die Verkäuferin instruiert. Für die jüngeren Leser: Ein Intershop war ein Laden (im ehemaligen "Ostblock") der nur westliche Währung akzeptierte. Die Kubaner durften keine westliche Währung besitzen. Ein Einkauf im Intershop hätte mit unangenehmen Folgen enden können. Intershops gab es auch in der ehemaligen DDR.

Sie verkaufen alles

Eine Gruppe junger russischer Hotelgäste wollte ebenfalls in den Besitz von Dollars kommen, so bin ich für ein paar Dollar, im tropischen Kuba zu einem lachsroten Wollpullover aus DDR Produktion gekommen, den ich nach meiner Rückkehr, schließlich war es Dezember gut brauchen konnte.

Seekrank, glücklicherweise nur bis zu Mittagessen

Einmal hatten wir ein kleines Schiff gemietet, mit Schiffskoch versteht sich. Jeder bekam eine Leine mit einem Haken in die Hand gedrückt. Köder gab es auch. Die Fische kannten das schon, denn meistens bissen sie den Köder ab, ohne an den Haken zu gehen. Schlaue Fische! Dennoch konnte ich mit drei Fischen zum Mittagessen beigetragen. Vor dem Mittagessen jedoch wurde ich seekrank...mir war so richtig schwindlig und schlecht... der Tipp eines Mitreisenden... mich ruhig auf den Vorderteil des Schiffes zu legen und zum Horizont zu blicken war goldrichtig... zum Mittagessen war ich wieder bester Dinge und konnte die Köstlichkeiten genießen die unser Smutje (Schiffskoch) in seiner kleinen Küche für uns zauberte.

Ein Strand, zwei Frauen und ich

Einmal am Strand fragten mich zwei Frauen, ob sie sich zu mir legen dürften. Recht erstaunt sagte ich „Ja". Leider konnten die beiden nur wenig Englisch und ich noch weniger Spanisch.

Dennoch fand ich ich heraus, dass die beiden Muttern und Tochter aus Peru waren und sich lieber mit einem Mann an den Strand legten. Ich war erfreut, dass ihre Wahl auf mich fiel.

Nach dem Studium

Meine erste Stelle als Ingenieur entsprach so gar nicht meinen Erwartungen. Damals wurde ich Fernpendler, zunächst Mannheim - Karlsruhe dann Mannheim Darmstadt.

So saß ich jeden Morgen im Zug, mit der Frage "Hast Du hierfür studiert?" und immer war die Antwort "Nein", eindeutig und entschieden "Nein". So suchte ich weiter nach einer passenden Stelle.

Fast hätte ich eine Stelle beim „Auswärtigen Amt" erhalten. Es ging darum, unsere Botschaften in der Welt mit Telekom Equipment auszustatten. Die Technikabteilung hatte bereits zugesagt und ich freute mich riesig auf meine spannenden Einsätze rund um den Globus. Doch der Amtsarzt senkte seinen Daumen nach unten, wegen meinem Augenleiden.„ Wenn Ihnen etwas mit dem anderen Auge passiert, dann sind sie nicht schnell genug in einer entsprechenden Augenklinik" Dass ich damals sehr deprimiert war, kann wohl jeder Leser verstehen. Danach raffte ich mich langsam wieder auf und war seitdem auf der Welt unterwegs und das rechte Auge funktioniert immer noch. Zu diesem Thema später mehr...

Dennoch gab es ein schönes Erlebnis in dieser Zeit. Es war in Leipzig... der örtliche Kollege holt mich morgens vom Flughafen ab... so gegen vier ist die Besprechung zu Ende... ich will noch die Oma meiner damaligen Freundin in Leipzig besuchen... mein Flieger geht erst um 20 Uhr... der Kollege fährt mich zur Oma und holt mich dort wieder ab... die Oma will noch aufs Postamt... also nimmt der Kollege auch die Oma zum Postamt mit und fährt mich danach zum Flughafen. Schön, dass es solche Kollegen gibt.

Mit dem Motorrad, in einer Kurve, das war knapp...

Wenn es mal wirklich schnell gehen muss, hilft oft nur noch der Instinkt. Beispiel: Ich war mit meinem bayrischen Motorrad im schönen Odenwald unterwegs. So richtig reingelegt in die Kurven. Im Ausgang einer Kurve, mein Motorrad und ich in Schräglage, so richtig tief, sitzt da ein Hund auf der Straße, ihn konnte ich vorher nicht sehen. Hab instinktiv das richtige gemacht, bin ohne Sturz um den Hund herumgekommen. Wie dass weiß ich heute nicht mehr. Erst einmal Luft holen und bin dann recht langsam nach Hause gefahren.

Kenia

(1991) Eigentlich wollten ein Freund und ich nach Irland, doch aus der Bootsfahrt auf dem Shannon wurde leider nichts, kein Boot mehr frei. So sind wir nach Kenia gekommen, dort spricht man ja auch englisch war unsere Begründung.

Wir wohnten in einem schönen Touristenhotel direkt am Meer, in Mombasa.

Im Hotelrestaurant teilten wir den Tisch mit einem deutschen Ehepaar ca. Mitte fünfzig. Ein freundlicher, fröhlicher Mann. Er sagte, dass er Verputzer sei. Er erzählte uns freudig von seinen Reisen. Einmal erzählte er von seinem Spaziergang durch New York, genauer gesagt durch Harlem.

„Ich habe da nur freundliche Menschen getroffen", sagte er. Seiner Frau entglitt dabei fast die Kaffeetasse.
So recht wollte ich die Geschichte damals nicht glauben. Aus heutiger Sicht ist es mir genauso gegangen in vielen fremden Städten.

Am Strand gab es die üblichen Strandhändler, die sich auf deutsche Touristen eingestellt hatten.

Einer im Trikot der deutschen Weltmeisterelf von 1990 stellte sich mir als Klaus Fischer aus Hamburg vor. „Ah ein Badenser" frohlockte ein anderer Kenianer, ich hatte ihm gerade verraten, dass ich aus Mannheim komme.

Am Strand fanden sich Kenianerinnen, die den Touristinnen in Engelsgeduld viele, also wirklich ganz viele kleine Zöpfe flochten. Mit Einer kam ich zufällig ins Gespräch, Jackline.

Ich wollte so ein schönes buntes afrikanisches T-Shirt und ich fragte Jackline nach einem solchen. Jackline und ich waren öfter auf Tour. Sie hat mir ihr Mombasa gezeigt. Leider gibt es in Mombasa sehr viel Leid und Elend zu sehen, wenn man von den Touristen Wegen abweicht. Lustiges gab es auch. „Please use the other door" sprachen weiße Zähne. Es war schon dunkel und ich wollte auf der falschen Seite in das Taxi einsteigen. An den Linksverkehr konnte ich mich nicht so schnell gewöhnen.

Schließlich wurde ich von Jacklines Freundin vermessen, wegen des T-Shirts. Dann kam der Abschied, das war schon traurig. Das T-Shirt kam wenige Wochen später.

Wir schrieben uns noch eine Weile, mit der guten alten Briefpost, E-Mails gab es damals noch nicht. Leider ist unser Kontakt irgendwann eingeschlafen. Mein Freund hat später eine Frau aus Tansania geheiratet. Leider ist er viel zu früh verstorben.

Wenn ich heute eine Afrikanerin sehe, dann denke ich an Jackline. Im gleichen Jahr lernte ich Petra (Name geändert) kennen, wir blieben die nächsten 7 Jahre zusammen und sind heute freundschaftlich verbunden.

Freitod Onkel

1991 gab es eine schwere Erschütterung meiner Welt und für die ganze Familie. Mein Lieblingsonkel beging Selbstmord. Dies kam für uns aus heiterem Himmel. Er war Junggeselle, sehr sportlich und immer ein lustiger Geselle. Ich war oft mit ihm unterwegs joggen, Radfahren oder schwimmen. Ein Abschiedsbrief wurde nie gefunden.

Nach dem Schock, der Trauer und dem es nicht wahrhaben wollen, bin ich zu der Erkenntnis gelangt, das Geschehen anzunehmen wie es ist. Natürlich wäre es schöner, der Onkel würde noch leben. Doch was geschehen ist, kann nicht wieder rückgängig gemacht werden, auch wenn es noch so schmerzt. Das "Warum" hat er in sein Grab mitgenommen. Wir sprachen in der Familie sehr viel darüber, ich habe eine Vermutung, doch wissen werden wir es nie. Auch wenn es schwerfällt, bin ich der Meinung, besser nicht über das Warum nachzudenken, da sich zu dieser Frage keine Antwort finden lässt und ihn in guter Erinnerung zu behalten, so wie wir ihn all die Jahre kannten, dass ist das Beste.

Im Grunde meines Herzens bin ich Elektriker

(1992 – 1998) So der Titel eines Films, den ich mir noch ansehen will. Meine erste Ingenieurstelle empfand ich nicht nur frustrierend, es kam auch noch ein neuer Chef, mit dem ich überhaupt nicht klarkam. Deshalb kündigte ich diese Stelle überstürzt.

Nach einem misslungenen Versuch mich selbstständig zu machen und einiger Zeit der Arbeitslosigkeit war ich erst einmal ziemlich gelangweilt. Eine Ingenieursstelle schien unerreichbar. So entschloss ich mich zunächst als Elektriker zu arbeiten. Hatte ich doch während meiner Ausbildung einen Schein für Hauselektrik erworben. Die meiste Zeit war ich in einer großen deutschen Bank tätig. Aber auch in anderen Firmen, einem großen Chemieunternehmen, einem kleineren Chemieunternehmen, einer Nudelfabrik, bei einer Dialyse (ein schrecklicher Anblick, die Dialysepatienten), in einer Frauenarztpraxis und schließlich in einem Notfallrechenzentrum tief unter dem Schwarzwald in dem ehemaligen Atombunker unserer Baden-Württembergischen Landesregierung. Ein wenig mulmig war mir da unten schon. Wegen der Feuerlöschanlage, wenn Du Zitrone riechst, dann schnell raus. Der Zitronengeruch ist die Vorwarnung und das folgende Lösch Gas würdest auch Du nicht überleben. Doch zum Glück ist dieser Fall nicht eingetreten.

Ich kam also viel rum und mit vielen interessanten Menschen in den unterschiedlichsten Betrieben ins Gespräch. Wieder war er da der Blick über den Tellerrand. Es war eine schöne und interessierte Zeit. Damals arbeitete ich mit deutschen, italienischen, türkischen und Kollegen aus dem ehemaligen Jugoslawien zusammen. Wegen den Nationalitäten gab es keine Probleme.

Einmal hatte ich für ein Wochenende den Schlüssel zu einer Bankfiliale in der schönen Südpfalz, Frankreich war nicht mehr weit. Wir tauschten dort die gesamte Verkabelung aus. Der Filialleiter nahm das Ganze mit Humor. „Sie dürfen keine Schweißbrenner mitnehmen" war sein lakonischer Kommentar bei der Schlüsselübergabe.

Doch ich hörte nie auf mich um eine Ingenieurstelle zu bewerben, obwohl es viele Absagen hagelte.

Wieder Ingenieur, aber jetzt richtig

1998 – 2017 durch die Privatisierung des Telekom Sektors wurden auf einmal händeringend viele Ingenieure gesucht, um die Netze der alternativen Betreiber aufzubauen, ich arbeite für einen Personaldienstleister bei einem großen Telekom Ausrüster. Ich war viel in Deutschland unterwegs als Inbetriebnahme Ingenieur, das war eine schöne Zeit, es herrschte Aufbruchstimmung. Wir erhielten noch richtige Schulungen, ordentliche Autos und Equipment. Es war auch genug Budget vorhanden für ordentliche Hotels und das Gehalt war auch besser als vorher. Kurzum ich war endlich dort angelangt, wo ich immer hin wollte.

Zwei besondere Einsätze möchte ich hier erwähnen:
1) Für die Regierung unterwegs

In der Zentrale unseres Kunden in Stuttgart war ich gerade mit lästigem Papierkram beschäftigt.
Der Einsatzleiter kam auf mich zu und sagte. „Fahr mal nach Bonn" Er gab mir ein Post-it mit einer Handynummer „ 100 km vor Bonn dort anrufen" Mehr wollte er nicht sagen. Es war ja auch genug gesagt, also los nach Bonn. Unterwegs rief ein Kollege an. „Ich bin in Berlin im Netzwerkmanagement, wir können hier eine Datenleitung im Informationsverbund Berlin – Bonn nicht mehr sehen." Ups, jetzt war ich für unsere Regierung tätig.

In Bonn wurde ich in der Niederlassung eines großen deutschen Netzbetreibers erwartet. Der Mitarbeiter dort drückte mir einen großen Briefumschlag mit Schlüsseln und Zugangskarten, sowie einen Ordner mit den Zugangsbeschreibungen in die Hand. Die nächste Station war Koblenz. Es war schon nach Feierabend, der Hausmeister schloss gerade die Niederlassung ab. Er staunte nicht schlecht, als ich mit dem Schlüssel ankam, schließlich hatten wir uns vorher noch nie gesehen und hinterher auch nicht. Ich erklärte ihm freundlich die Lage, so konnte er zufrieden und erleichtert in den Feierabend gehen. Im Keller erwartete mich ein

Technikraum groß wie ein Fußballfeld. Anhand der hervorragenden Dokumentation fand ich unsere Technik auf Anhieb. Ja, so etwas nenne ich Organisation. Ein banaler Reset genügte und mein Kollege in Berlin konnte den Abschnitt Bonn – Koblenz wiedersehen. Zwei weitere Stationen konnte ich noch an demselben Abend anfahren. Mit Mühe und Not fand ich gerade noch eine Pension im Sauerland. Am nächsten Tag noch eine Station, dann war dieser Auftrag erledigt.
War zwar bisschen anstrengend, doch das war eine Arbeit nach meinem Geschmack. Ich musste an einen Song von „Journey" denken: „Wheel in the sky keeps on turning, don´t know where i be tomorrow" Ja ich wusste damals oft nicht wo ich den nächsten Tag arbeiten würde, aber es war ok für mich. Eigentlich waren die Arbeiten so geplant, sodass möglichst wenige Fahrten nötig waren, doch nicht immer lief alles nach Plan.

2) Durch Hamburg, kreuz und quer

Das Datennetz der Stadt Hamburg modernisieren. War auch ein guter Job. Wir durften nach Hamburg fliegen. Bin dann mit einem netten älteren Herren kreuz und quer durch Hamburg gefahren, zu den Stationen, er kannte sich gut aus in Hamburg, somit war die Fahrerei recht entspannt. Navis waren damals noch sehr teuer. So war ich in den verschiedenen Ämtern der Stadt Hamburg, im Rechenzentrum des Polizeipräsidiums und in Polizeidienststellen. In einer Polizeidienststelle musste ich mal auf die Toilette, also stellte ich mein klobiges Messgerät vor die Toilette. Kommt ein Polizist vorbei und sagt: „Nimm den Koffer besser mit rein, hier laufen viele Diebe rum", war zwar ganz schön eng doch es ging. Der Außendienst ging etwa zwei Jahre, dann wurde bei unserem Kunden in Stuttgart ein "Network Operation Center" eingerichtet mit Personal von unserem Personaldienstleister. Mir wurde die Stelle des Leiters angeboten, was ich gerne annahm.

In einem wundervollen Garten

(1999) Eines schönen Spätsommertages fand ich mich in einem wundervollen gut gepflegten Garten wieder. Bevölkert mit deutsch thailändischen Ehepaaren. Bei den verschiedenen farbenfrohen und köstlich duftenden Mahlzeiten saßen Menschen jeglichen Alters vergnügt beisammen.

Solch eine wunderbare entspannte fröhliche Atmosphäre kannte ich bislang noch nicht und fühlte mich sofort wohl und habe mich mit einem netten Deutschen unterhalten. Auf die Frage welche Frau denn die Seine sei, erhielt ich die trockene Antwort: „Die schwarzhaarige". Gelächter, dieser Humor gefiel mir. Ein kleines Mädchen bohrte mit seinem kleinen Finger und großer Ausdauer einem älteren Herrn im Ohr herum. Der ältere Herr ließ dies scheinbar regungslos zu. „Papa" sagte das kleine Mädchen nach einer Weile. Wie, Papa? Hätte eher „Opa" erwartet. Schließlich wurde mir eine Thailänderin vorgestellt. Ihre Tante spielte die Übersetzerin und uns wurden Wörterbücher in die Hände gedrückt, wir sollen doch ein bisschen spazieren gehen. Ich glaube wir waren beide überfordert von dieser Situation. So ist leider kein Funke übergesprungen.

Ich verabschiedete mich höflich und wünschte ihr viel Glück. Hin und hergerissen von der zauberhaften Atmosphäre an diesem wunderschönen Ort und dieser unüberwindlich erscheinenden Sprachbarriere fuhr ich voller widersprechender Gefühle nach Hause.

Meine erste Ehe

(2000) Eigentlich war ich mit meinem Leben im Großen und Ganzen zufrieden, nur das erneute Junggesellendasein wollte mir nicht so recht gefallen. Da ich während der Woche kreuz und quer unterwegs war, antwortete ich auf passende Kontaktanzeigen. Mein Wunsch war es ein weibliches Wesen zum Leben, lieben und lachen zu finden. Nationalität, Haarfarbe… war mir nicht so wichtig.

Bei dieser Aktion lernet ich auch eine sehr angenehme und gebildete Frau aus Indonesien kennen. Aus uns hätte etwas werden können. Doch sie wollte, dass ich Muslim werde. Das wollte ich nicht.

Während meiner letzten Heimfahrt als Außendienstler erhielt ich einen Anruf.
Eine Thailänderin wollte mich kennenlernen. Schön, ich werde wieder sesshaft und vielleicht ist sie die Richtige. Ich konnte den Termin kaum erwarten, war voller Freude, Neugier und Ungeduld. Wie würde es mit der Sprache funktionieren?

Dann war es soweit und ich saß bei einer sehr sympathischen Familie auf dem Sofa. Mama Thai, Papa deutsch und deren gemeinsame lebhafte kleine Tochter ca. 3 Jahre alt. Ich mag Kinder und die Kinder mögen mich, so bin ich gleich als Onkel aufgenommen worden. Ihre Mutter lebte bereits ein paar Jahre in Deutschland und sprach hervorragend Deutsch, das ließ mich hoffen. Ihre Schwester war zu Besuch aus Thailand, mit einem 3-Monats-Visum. Wir besuchten uns gegenseitig, waren mit anderen Familien unterwegs und es gab immer reichlich und gut zu essen, kurzum wie in dem Garten, fühlte ich mich sehr wohl in dieser Gemeinschaft.

Habe ihr natürlich auch meine Freunde und Familie vorgestellt. Sie nahm meinen Bruder so wie er war und akzeptierte ihn mit buddhistischem Gleichmut. Mir fiel ein Stein vom Herzen.

Dann kam der Tag, an dem meine Zukünftige zu mir zog. Mit "Händen und Füßen" kommunizieren, die Wörterbücher bei Seite lassend, bauten wir ein Bett und einen Schrank zügig zusammen. Das hat mich sehr beeindruckt und sie kochte gut und gerne.

Der Tag der Entscheidung nahte, Ihr 3-Monats-Visum würde bald ablaufen. Die Schwester fragte mich ob ich ihre Schwester „behalten" möchte, ich mochte. Damit sie dauerhaft bei mir in Deutschland leben konnte, gab es nur einen Weg: Heiraten (Thai: teng garn klingt so ähnlich wie arbeiten: tam garn) Alles lief bis dahin gut, so sagte ich „Ja". Sie musste erst wieder zurück nach Thailand, die zahlreichen notwendigen Papiere samt dem Heiratsvisum besorgen, seufz. Doch diese Zeit ging vorüber und die Hochzeitsglocken läuteten.

Einmal war ich sogar Chef

Ich hatte vier hochmotivierte und gewissenhafte Mitarbeiter und wir stemmten einen rund um die Uhr Betrieb. Ich war normalerweise nur in der Tagschicht tätig, bei Bedarf habe ich selbst, Nacht und Wochenendschichten (12 h) übernommen. So begleitete ich unser System in das Millennium, während meine Liebste bei ihrer Schwester Silvester feierte, es ist nichts passiert. Überhaupt die vielen Weltuntergangsszenarien, die vor dem Millennium durch die Medien geisterten erwiesen sich als heiße Luft. Überhaupt in meinen nunmehr 56 Lenzen sind so viele Weltuntergangsszenarien an mir vorbeigezogen, ich kann das nicht mehr ernst nehmen.

Im Keller

Motivieren musste ich meine Mitarbeiter nicht, die waren selbst hoch motiviert. Eher etwas bremsen, um nicht über das Ziel hinauszuschießen. Ab und an unterstützte ich unseren Außendienst. So hatte ich zusammen mit einem Kollegen in Frankfurt zu tun. Habe meine damalige Frau mitgenommen, um ihr zu zeigen, was ich arbeite, das war leider recht langweilig für sie. Der Job dauerte länger als gedacht und war auch komplizierter als gedacht. Mein Kollege und ich waren dann ganz schön geschafft. Gut, dass meine damalige Frau dabei war, denn sie fand mühelos den Weg zurück durch diese verwinkelten Kellerräume. Auch dieser Job lief gut und es war eine schöne Zeit.

Ein Headhunter und eine neue Stelle

2001 herrschte noch Goldgräberstimmung im Telekom Sektor. So wurde ich eines Tages von einem Headhunter angerufen. Eigentlich wollte ich mich nicht verändern. Von der Neugierde getrieben ließ ich mich auf ein Vorstellungsgespräch ein. Das Vorstellungsgespräch fand mitten in einem Umzug statt. Der Headhunter war auch zugegen, in feinem Zwirn. Ich war eher leger gekleidet. Nie werde ich seinen erstaunten Blick vergessen, als er sah, dass ich in Sandalen angetreten war. Wie ruhig und souverän das Vorstellungsgespräch geführt wurde, hat mich überrascht, angenehm überrascht. Es folgte ein äußerst lukratives Angebot, welches ich gerne annahm.

So bin ich 16 Jahre lang täglich von Mannheim nach Backnang gependelt. Anfangs fluchte ich noch über die Verspätungen, doch das Fluchen ließ im Laufe der Jahre nach. Das bringt ja auch sowieso nichts.

Sich Ärgern, heißt für die Fehler der anderen büßen.
Unbekannt

So war ich die ganze Zeit im Customer Support unterwegs. Meistens in Backnang, manchmal auch beim Kunden vor Ort. War wieder eine Stelle nach meinem Geschmack, hatte mit Technik und Menschen zu tun. Es gab ständig etwas Neues und

132

so kam nie Langeweile auf. Viele meinen das Backnang in China liegt, doch dies stimmt nicht. Backnang liegt im Schwabenland, ca 30 km von Stuttgart entfernt. Dort wirst Du von den wunderbaren Fleischereifachverkäuferinnen mit einem herzlichen „Grüß Goddle" begrüßt.

Damals existierte noch unser Schulungszentrum. Dort durfte ich oft als sogenannter „Flex-Trainer" aushelfen. Flex kommt hier von Flexibel und nicht von Trennschleifer. In diesem Fall war gemeint, dass ich von meiner normalen Arbeit abgezogen wurde, wenn eine Kundenschulung zustande kam.

Glück gehabt in Luxemburg

Mein erster Auslandseinsatz ließ nicht lange auf sich warten und führte mich zu einem Mobilfunkbetreiber in Luxemburg. Wurde dort vom Kunden freudig empfangen. Konnte das Problem lösen, es wurde ein falsches Kabel verwendet. So etwas kann man aus der Ferne nicht diagnostizieren. Hatte die richtige Sorte zufälligerweise noch in meinem Werkzeugkoffer. Das wollte mir erst niemand glauben, doch es war so. Glück gehabt.

High Tech und blökende Schafe am Gambacher Kreuz

Auf einer Wiese nahe dem aus den Staumeldungen bekannten Gambacher Kreuz steht ein Technikgebäude eines Kunden, in dem ich eine Schulung abhalten durfte. Es war noch ein wenig kalt, so haben wir Heizlüfter mitgenommen. Dies war meine einzige Schulung, die vom Blöken vorbeiziehender Schafe begleitet wurde.

Die blinde Frau im Zug

Im Zug nach Hause, neben mir eine junge Frau, ein Gespräch ergibt sich einfach so. Sie sprüht viel Freude aus, wir lachen viel. Etwas ist an ihrem Blick so anders, ich frage nach. „Ich bin blind und denke nicht viel darüber nach", erwidert sie ohne zu zögern mit voller Überzeugung. Bin sehr beeindruckt über ihre positive Art und ihren Humor. Ihre Eltern kommen aus Indien sagt sie. Wir unterhalten uns genauso angeregt weiter und lachten zur Verwunderung der Mitreisenden viel. Sie wollte keine Hilfe beim Aussteigen und ihr zusammenklappbarer Blindenstock entfaltete sich. Welch eine beeindruckende Begegnung.

Unvergessliche Erlebnisse in Thailand

Begeisterter Jubel im Flughafen

(2003) Zusammen mit meiner Frau, Schwägerin, Schwager und Nichte nach Thailand geflogen,

Aufkleber für die Augenmaske, Royal Brunei Airline

Im alten Bangkoker Flughafen wurden die Reisenden damals mit großem Jubel empfangen. Das tropische Klima hätte mich fast umgeworfen, schnell die Koffer in den Kleinbus gewuchtet, der uns in atemberaubender Langsamkeit zu dem benachbarten „Domestic Airport" brachte. Von dort ca. 1 Stunde weitergeflogen nach Khon Kaen in Nordostthailand.

Auch hier ein unbeschreiblicher Jubel in der Empfangshalle. Die Schwiegereltern warteten schon auf uns, eine herzliche Begrüßung.

Hinten auf Schwiegervaters Pickup

Eigentlich hätten aller Platz gehabt in Schwiegervaters Pick Up, doch mein Schwager meinte, dass er lieber auf der Ladefläche mitfährt. Also tat ich es ihm gleich. Durch die Stadt Khon Kaen, ein Stück Autobahn, dann rote Sand- und Schotterpisten. Vorbei an Reisfeldern, Zuckerrohrplantagen und Fischteichen bis zu dem kleinen Dorf der Familie.

Narm Fon, 3 Jahre alt, die DJane der Familie

Der Aufenthalt auf dem Dorf war eher ruhig. Meine Schwägerin übersetzte, so lernte ich die Brüder und deren Frauen, sowie Narm Fon (Thai: Regenwasser) unsere dreijährige Nichte in Thailand kennen. Narm Fon war auch die DJane (Weibliche Form von "disc Jockey" DJ) der Familie, besser gesagt die VJane (legt Videos ein, weibliche Form). Sie war es, die voller Stolz die Karaoke Video CDs auflegte. Bei den Thais ist Karaoke singen sehr beliebt.

Einer alten Frau Glück gebracht

Einmal kam eine alte Frau vorbei, Sie wollte mich anfassen, weil das Glück bringt, einen weißen Mann anzufassen (obwohl ich zu diesem Zeitpunkt eher ein roter Mann war). Hab ja gesagt.

Mit fast 100 im Garten

Wir sind umhergefahren, Verwandte besuchen. Einmal kamen wir bei einer fast hundertjährigen Oma vorbei, die es sich nicht nehmen ließ, trotz einem fast 90 Grad gekrümmten Rücken, sich eine Hacke zu nehmen und im Garten zu arbeiten. Wie im Land überwiegend üblich, lebt die Oma nicht alleine, sondern zusammen mit jüngeren Verwandten, die sich um sie kümmern.

Das Obst hier, einfach köstlich

Besonders begeistert war ich von den mir bis dahin unbekannten Obstsorten. Besonders Makam (Tamerind) hatte es mir angetan. Neben dem Haus der Schwiegereltern stand dankenswerterweise ein solcher Makambaum. Die Schwiegermutter hatte dies bemerkt und mir ein großes Glas mit selbstgemachter Makam Marmelade geschenkt, das war lecker, sehr lecker. Falls Du mal nach Thailand kommst, kann ich Dir nur empfehlen, die hiesigen aromatischen Obstsorten zu probieren. Auch Bananen und Ananas schmecken hier anders als bei uns, weil frisch gepflückt.

Das Kind schläft, Du glaubst nicht wo

Auf der Rückfahrt wieder auf der Ladefläche von Schwiegervaters Pickup, die Haare im Wind. Narm Fon kam zu mir gekrabbelt und ist in meinen Armen eingeschlafen. Kein Schlagloch konnte sie wecken, sie schlief fest in meinen Armen, bis wir zuhause waren. Ich war überwältigt.

Wieder Jubel, ein Kind nimmt Anlauf und ...

Zwei Jahre später im Flughafen Khon Kaen wieder das gleiche Bild, jubelnde Menschen begrüßen begeistert ihre ankommenden Verwandten. Eine Szenerie wie in den alten Beatles Zeiten Diesmal mit einem Unterschied, ein Unterschied. Narm Fon löst sich aus der Menge, rennt auf mich zu, ein Satz und sicher landet sie auf meinem Brustkorb. Bin gerührt und erstaunt zugleich. Erst einmal ein großes Hallo. Hab unsere Koffer auf einen Wagen gepackt, Narm Fon oben drauf. Bin dann los getrabt, Narm Fom zeigte mir den Weg. Die Familie hinterher, Schwiegervater war nicht mehr so gut zu Fuß. Klar Narm Fon wusste, wo Opas Pickup steht, da hatte ich keinen Zweifel.

Das Lichterfest "Loy Kratong"

Höhepunkt dieses Urlaubs war das thailändische Lichterfest Loy Krathong. Die Menschen lassen kleine Ballone in den Himmel steigen. Oder lassen kleine zumeist selbstgebaute Schiffchen, reichlich verzierte mit brennender Kerze zu Wasser. Dazu Musik und Andachten der Mönche. Eine wunderschöne friedliche freudige Atmosphäre. Ich war der einzige Falang (Thai: Ausländer mit weißer Hautfarbe) weit und breit, keine bösen Blicke, keine blöden Bemerkungen, Ich gehöre einfach dazu und fühle mich wohl.

Bezauberndes Thailand, mit Lichtern verziertes Schiff zum Loy Krathong Fest

Eine kleine Motorradtour auf dem Lande

Einmal schnappte ich mir ein Motorrad. Und bin mit meiner Schwägerin vorneweg in das Nachbardorf gefahren. Narm Fon aus dem Kindergarten abholen. „Motorrad kaputt Du bezahlen" war der nicht ganz so liebevolle Kommentar meiner Frau. „Klar Schatz" und los ging die Fahrt über Schotter und rote Erde. Meine Schwägerin zeigt mehr Vertrauen zu mir. Sie setzt mir Narm Fon auf das Motorrad, vorsichtig, ganz vorsichtig fahre ich zurück ins Dorf. Ist mal wieder gut gegangen.

Im Mädchenwohnheim

Zu Ende das Urlaubs, hatte meine Frau uns bei ihrer großen Tochter in Bangkok einquartiert. So durfte ich einige Tage mit den beiden in einem Mädchenwohnheim verbringen. Das 1 Zimmer Appartement war groß genug für uns drei. Tagsüber ging die Tochter in einer adretten Uniform in eine Uni. Schuluniformen dienen dazu die Klassenunterschiede der Schüler zu verbergen. Mit der Tochter verstand ich mich sehr gut, es war eine Freude Papa zu sein.

Scheidung, ein Ende mit Schrecken

Leider haben meine Frau und ich uns immer mehr voneinander entfernt, der Ton wurde rauer und lauter, mehr Sonntagsarbeit, sodass die schönen Treffen entfielen und immer mehr Spätschichten im Imbiss. Ich sprach sie des Öfteren darauf an, ob sie denn nicht die Zeiten ändern wollte, doch sie wollte nicht, sie musste ja Geld verdienen und nach Hause schicken.

Tagsüber war ich mehr als 12 Stunden außer Haus. Das wäre ja genug Zeit für ihre Arbeit, aber nein sie wollte partout immer arbeiten, wenn ich zuhause war. Damit war ich nicht einverstanden.

Ich hatte schon seit einiger Zeit ein ungutes Gefühl, redete mir ein; „Es wird schon wieder" Es wurde jedoch nicht besser. Eines Tages zog meine Frau aus. Juristische Querelen folgten. Einmal rief mich der Chef von unserer Gehaltsbuchhaltung an. „Wir haben eine Lohnpfändung" Konnte ich noch vermeiden, war ein Versehen meinerseits, hatte ich doch auf ein falsches Konto überwiesen. Trotzdem, ein Schreck war das schon, Bis zur Scheidung sollte es ca. 1 Jahr dauern, eine frustrierende unangenehme Zeit mit vielen juristischen Scherereien. Eigentlich hatte ich mir nichts vorzuwerfen. 2007 wurde meine erste Ehe geschieden.

Mangelnde Kommunikation daran können Ehen scheitern

Damals wusste ich nicht was falsch gelaufen ist. Heute denke ich der wesentliche Fehler lag in der Kommunikation. Die Sprachbarriere war noch immer vorhanden. Zu viel „Ja, ja Schatz" aus Bequemlichkeit, anstatt zu hinterfragen, was Schatzi wirklich will, gilt für beide Seiten. Ich denke, das trifft auch für Paare gleicher Muttersprache zu. Zu viel Unausgesprochenes staut sich auf, im Idealfall gibt es einen reinigenden Streit oder eben eine Trennung.

Meine zweite Ehe

Eigentlich wollte ich erst eine Weile allein bleiben und über alles

nachdenken. Ab und zu wurde ich eingeladen heiratswillige Thailänderinnen kennenzulernen. Doch es sprang kein Funke über. Ich gab Thailand keine Schuld an meiner Scheidung, trotz allem mochte ich Land und Leute, ich erhielt auch viel Zuspruch von thailändischer Seite.

Eines Abends klingelten drei Thaifrauen an meiner Tür, sie wollten die Videokassetten meiner Ex Frau abholen. Das war mir recht, sonst hätte ich die Kassetten selbst entsorgen müssen. Wohnung im 4.OG ohne Aufzug!

Mit einer aus den Dreien kam ich ins Gespräch, nennen wir sie Om. Später traf ich Om in einem Asia Imbiss, sie nahm die Bestellungen entgegen und war für die Kasse verantwortlich. Om lud mich zum Essen ein, was ich gerne annahm. Das ging ein paar mal so, bis Om mich fragte: „Meine Schwester kommt aus Thailand, kannst Du helfen sie abholen?" Da ich schon öfter von ihr zum Essen eingeladen wurde, konnte ich mich so revanchieren, So fuhr ich mit Om und ihrem Mann zum Frankfurter Flughafen die Schwester abholen. Um es kurz zu machen, die Schwester heißt Montha und wir sind inzwischen verheiratet.

Nachts durch Antwerpen, zu Fuß und mit Navi

Einmal sind Montha und ich mit dem Zug nach Antwerpen gefahren. Zu einem Thai Rock Konzert. Ich hatte ein Hotel gebucht. War ein klasse Konzert, auch schön ausgeleuchtet, was mir als Fotograf sehr entgegen kam. Dummerweise bekamen wir für den Rückweg ins Hotel kein Taxi. Nur wenige Tage zuvor hatte ich ein Tom Tom Navi erworben. Die anfängliche Euphorie war so groß, dass ich nichtsahnend das Navi zum Konzert mitgenommen hatte. So blieb nichts anderes übrig, als mit dem Navi durch das nächtliche Antwerpen zu laufen. Durch manch finstere Gasse, deren Kopfsteinpflaster eine perfekte Kulisse für einen alten Schwarz-Weiß Krimi hätte abgeben können. Nach einer guten Stunde waren wir, wenn auch unter Monthas leichtem

Protest hundemüde im Hotel angelangt und sind schnel eingeschlafen.

Irland 2008

Ein weiterer Auslandseinsatz führte mich zusammen mit einem lieben Kollegen nach Dublin, Irland. Unser Auftrag war die Vorbereitung und Durchführung einer technischen Präsentation für einen irischen Kunden.

Ich staunte nicht schlecht, bei dem Kunden hingen in der Kantine Defibrillatoren „Heart Starter" an der Wand, diese wurden glücklicherweise nicht benötigt, so schlimm war das Essen auch wieder nicht.

Wir hatten mit dem Wetter Glück und konnten Dublin im Sonnenschein erleben. Der letzte Tag war frei, und so sahen wir uns Dublin an und hätten dabei fast den Flieger nach Hause verpasst.

Globaler Support

Meine international tätigen Kollegen hatten mich eh immer angerufen wenn sie bei bestimmten Dingen nicht weiterkamen. Ich konnte in diese Gruppe wechseln, schön, sehr schön.

Ein Sachse in Malaysia

Ein Anruf, Vorwahl 0060. Der Operator meldet sich „We have a call for you" und dann hörte ich meinen großartigen Kollegen in tiefstem Sächsisch sprechend aus dem tropischen Malaysia. Das war klasse, einfach klasse

Schön, wenn Du das Vertrauen Deiner Kunden hast

Einmal rief mich ein langjähriger Kunde an, er war schon zu DDR Zeiten als Ingenieur aktiv und ein "alter Hase", wie man so schön sagt. Er hat mich auf ein Produkt angesprochen, das ich nicht kannte. Habe ihn darauf hingewiesen. „Ich weiß", sagte er „Aber wenn ich mich mit Dir unterhalte, kommen mir gute Ideen". Schön, wenn ein Kunde ein solches Vertrauen zu Dir entwickelt.

Die Sonne geht nie unter

So hatte ich mit Kollegen und Kunden aus der ganzen Welt zu tun. Remote trifft man morgens Asiaten, den ganzen weiteren Tag Europäer und Afrikaner. Südamerikaner werden am Nachmittag aktiv. In Nordamerika hatten wir keine Kunden, warum auch immer.

Auf dem Motorrad, diesmal hinten

Besuch bei Montha in Thailand, damals hatten wir noch kein Auto, jedoch ein Motorrad. So sind wir mit dem Motorrad gefahren. Montha wollte aber unbedingt fahren, wegen meiner Augen. Ich war zunächst skeptisch, da ich ein bisschen, wirklich nur ein bisschen mehr wog als das Doppelte meiner Montha. Na gut, ich ließ mich überzeugen. Sie fuhr gut, sicher und vorausschauend. Obwohl in einer äußerst ungewohnten Rolle, fühlte ich mich wohl und war frei von Angst. Doch meine Montha vertraute mir an, dass sie Angst hätte.

Mit voller Überzeugung sagte ich ihr, nicht nur einmal, dass sie so sicher fährt, dass sie keine Angst haben muss, denn ich fühle mich sicher bei ihr. So sind wir wohlbehalten durch den Urlaub gekommen.

Die zarte Faust

Ein Urlaub näherte sich dem Ende, ich musste wieder zurück nach Deutschland. Montha hob ihren zarten Arm, ballte ihre kleine Faust und sagte, dass ich nichts mit anderen Frauen anfangen solle. Diese so hilflos erscheinende Geste traf mich voll ins Herz.

Kundenbesuche

Bei einigen Abnahmen und Workshops wurde ich mit eingebunden. So durfte ich auch Kunden aus Ägypten, Russland, Rumänien, dem Irak, dem Iran und Österreich betreuen.

War schon ein seltsames Gefühl, Menschen aus einem Kriegsgebiet, dem **Irak** um sich zu haben. Über den Krieg und Politik sprachen wir nicht. Die Iraker wollten das nicht.

Geduld war gefragt. Wenn ich eine Sache auf Englisch erklärt hatte, wurde das Thema in der Landessprache diskutiert, erst dann ging es weiter. Ich hoffe den Jungs geht es gut.

Es ist immer besser mit den richtigen Leuten zu sprechen

Eines schönen Tages kam mein Chef zu mir, ich solle eine umfangreiche Abnahme für einen iranischen Kunden vorbereiten. Ups Iran, ich war ein wenig überrascht. Alles was ich über den **Iran** wusste, wusste ich nur aus den Medien. Also alles auf null und die Dinge so nehmen wie sie kommen, eigene Erfahrungen machen mit den realen Menschen. Neugierig war ich schon.

Dann war es soweit, die umfangreiche Anlage war mit Hilfe meiner Kollegen aufgebaut. Die Iraner kamen. Unser technischer Ansprechpartner war ein iranischer Consultant (Berater) mit eigener Firma in Kanada. Mit ihm kamen iranische Kollegen und Mitarbeiter des Endkunden. Es war auch eine Frau dabei, was in unserem Metier (Nachrichtentechnik) zumindest in Deutschland eine Seltenheit ist. In Südamerika, Indien und China ist die Frauenquote höher als in Deutschland

Bei den Verhandlungen sind die Fetzen geflogen zwischen meinen iranischen Kollegen und dem Consultant. Wollten doch die Kunden nun andere Dinge sehen als im Voraus vereinbart wurde. Das kannte ich auch von anderen Abnahmen.

Das konnte ich mir nicht lange ansehen, ich bat um eine Auszeit mit dem Consultant und sprach mit dem Mann unter vier (drei) Augen. Er sprach einen Jargon, der bei uns nicht geläufig war.

Wir klärten die Begriffe gemeinsam ab und konnten schließlich dem Kunden das zeigen, was er sehen wollte. Darum geht es schließlich immer. War dann eine recht sportliche Aktion, alles in der gegebenen Zeit hinzubekommen, doch alles funktionierte, die Abnahme war erfolgreich. Das wirklich Schöne an solchen Aktionen ist, dass Du mit den Menschen ins Gespräch kommst, denen Du sonst nie begegnet wärst.

Bei der Sache bleiben, im Hier und Jetzt bleiben.

Bei der Abnahme ging es um einen Auftrag im zweistelligen Millionenbereich. Doch solche Tatsachen blende ich immer aus, könnte mich nervös machen. Die Abnahme soll laufen. Ich konzentriere mich ganz auf meinen Part, die Technik und die Kunden. Ich besitze den sportlichen Ehrgeiz das Projekt zum Erfolg zu führen. Misserfolgs Szenarien sind in meinen Gedanken einfach nicht präsent.

Man muss in das Gelingen verliebt sein und nicht ins Scheitern.

Ernst Bloch, deutscher Philosoph (1885 - 1977)

Einer meiner iranischen Kollegen verabschiedete sich mit den Worten „See you in Iran". Etwas erstaunt gab ich ihm meine Hand. Er sollte Recht behalten. Siehe später.

Rumänien 2010

Am Schwarzen Meer

Obwohl ich eigentlich für den Innendienst zuständig war, ergab sich zu meiner Freude ein weiterer Auslandseinsatz, Diesmal nach Rumänien.

Mein rumänischer Kollege holte mich vom Flughafen Bukarest ab und wir fuhren nach Constanta einem Badeort direkt am Schwarzen Meer. Zufälligerweise lag unser Hotel direkt am Schwarzen Meer und so konnten wir in demselben baden.

Im kleinen Corsa vor einem riesigen LKW

Mein Kollege war ein sehr korrekter Autofahrer. So ist er in Ortschaften immer 50 gefahren, denn er hätte einen Strafzettel wegen Tempoüberschreitung aus eigener Tasche zahlen müssen. Das hatte den LKW Fahren hinter uns gar nicht gefallen. Diese sind dann hupend recht dicht aufgefahren.„Why do they horn me. Stupid" war der Kommentar meines Kollegen. Ich muss zugeben, dass in mir ein gewisses Unwohlsein aufkam, saßen wir doch in einem kleinen Opel Corsa und hinter uns war nur der Kühlergrill eines riesigen LKWs zu sehen.

Für den Rundfunk unterwegs.

Allerdings hatte die Firma mich nicht zum Baden hergeschickt, es gab auch reichlich zu tun, u. a. auch zwei Nachtumschaltungen. Wir waren für den rumänischen Rundfunk unterwegs.

Auch wenn Du gerne Bier trinkst, sag bloß nicht Prost in Rumänien

Ach ja, sag beim Biertrinken oder so nicht „Prost" zu einem Rumänen, das heißt auf Rumänisch „dumm". Als Ausländer hast Du zwar eine gewisse Narrenfreiheit, ich will nur dass Du das weißt.

Ach ja, in Rumänien kannst Du im Supermarkt Bier im "Six-Pack" kaufen. "Das ist doch nichts Besonderes" wirst Du vielleicht denken. Doch schon, wegen der praktischen 2,5 Liter Flaschen, die sah ich nur hier.

Länger weg? Wäsche waschen aber wie?

Auf längeren Dienstreisen musst Du irgendwann Deine Wäsche waschen (lassen). Mein Kollege hatte gerade keine Zeit und im Hotel war der Wäscheservice gerade geschlossen. So bin ich mit dem Taxi in die Stadt gefahren zu einer Wäscherei. Habe dem Taxifahrer meinen Wäschesack gezeigt, schon war ihm klar, wo ich hin wollte. Er konnte ebenso wenig Englisch oder Deutsch wie ich Rumänisch.

Leider war die ältere Dame in der Wäscherei ebenfalls des Englischen nicht mächtig und sie wollte mir irgendwelche Dinge erklären, die ich nicht verstand. Ich wollte einfach nur meine Wäsche gewaschen bekommen.

Dankenswerterweise hat sich eine andere Kundin als Übersetzerin eingeschaltet. Schön, dass sie gerade in diesem Moment da war und mich unterstützte.

Wo bin ich denn hier gelandet?

Inzwischen war ein weiterer deutscher Kollege zu uns gestoßen. In Slobozia, zwischen Constanta und Bukarest gelegen, hatten wir die zweite Nachtschicht.

Etwas benommen im Kopf kamen wir von der Nachtschicht in unser Hotel zurück. Leider ging meine Zimmertür nicht auf, das elektronische Schloss verweigerte das Öffnen. An der Kaffeebar fragte ich um Hilfe, eine Frau kam mit und half mir auch. Siehe da, die Tür ging auf, die Frau wollte dann mit aufs Zimmer und mir etwas Gutes tun. Spätestens jetzt war ich völlig verwirrt, wo war ich denn hier gelandet? War doch ein ordentliches Hotel hier oder nicht? Hab jedenfalls höflich abgelehnt. Schließlich habe ich ja meine Montha und mich erstmal aufs Ohr gelegt.

Später hat mein Kollege erklärt, dass unsere Zimmer noch nicht bezahlt waren, er hatte das telefonisch geregelt.

Mit gefühlten 10 PS auf dem Highway

Am nächsten Tag, das Projekt war fast abgeschlossen, wurde unser rumänischer Kollege zu einem anderen Projekt abgerufen. Er drückte mir den Autoschlüssel in die Hand und ist mit dem Zug weitergefahren. Ich fuhr meinen deutschen Kollegen nach Constanta. Zusammen wogen wir bestimmt 250 kg und fuhren in einem Opel Corsa mit gefühlten 10 PS durch die Lande. Es ging nicht anders, er musste dort zum Kunden und sein Flug startete ebenfalls in Constanta.

Unterwegs musste ich tanken, die Kassiererin schaute mich an als ob ich ein Marsmensch wäre, doch das lag nicht an mir sondern an der Firmen American Express Karte. Mit meiner privaten Visa Card, konnte ich der jungen Frau ein scheues Lächeln entlocken und meine gemächliche Fahrt fortsetzen. So fuhr ich alleine bis zu der ersten Bukarester U-Bahn-Station. Dort wartete ich geduldig auf den Projektleiter, der mich in mein Hotel fuhr und das Auto übernahm. Ich war froh über diese pragmatische Lösung, denn im Bukarester Verkehr ohne Navi fahren, das wollte ich nicht. An diesem Abend erhielt ich einen Anruf aus Backnang, dass noch jemand für ein Projekt im Iran gesucht wird. Hab gleich zugesagt. So kann es weitergehen, hab ich mir gedacht. Du kommst rum, siehst was von der Welt. Es sollte jedoch anders kommen...

Iran 2010

Diese Dienstreise fand ich spannend, richtig spannend. Wann kommt man in den Iran und ich konnte ja auf angenehme Erfahrungen mit iranischen Kunden und Kollegen zurückblicken.

In the name of God

Ich musste schmunzeln, war auf den Papieren zu meinem Visum „In the name of God" zu lesen. Das mir, einem Menschen der Religionen eher skeptisch sieht. Na gut, wenn das so ist, dann ist es halt so. Um den Spannungsbogen nicht übermäßig zu strapazieren, ich bin nicht zum Islam konvertiert und es hat mich auch niemand darauf angesprochen.

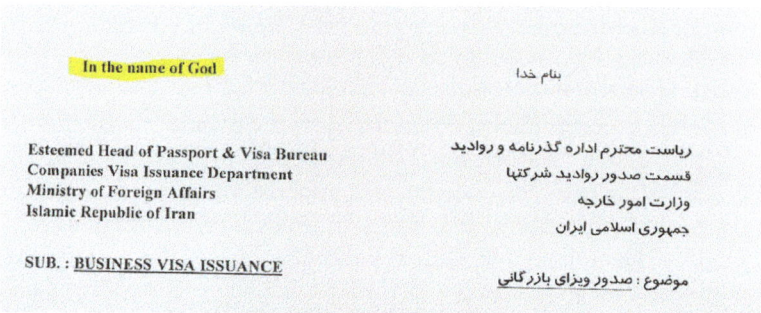

Küsschen und Sonntagsarbeit

Es war später Samstagabend in Teheran. Im Hotel war gerade der Aufzug ausgefallen und ein bedauernswerter Hotelangestellter musste meinen schweren Koffer ins 4. OG wuchten. Sonntags wurde ich abgeholt, wir sind zuerst ins Büro gefahren, ich wurde mit Küsschen auf die Wangen begrüßt, von den bekannten Kollegen. Weiter zum Kunden, hier keine Küsschen. Ein anderer Kunde als letztes Jahr. So erfuhr ich , dass in islamischen Ländern der Freitag, der freie Tag ist. Wenn man es wörtlich nimmt, ist das doch naheliegend. Die 6 Tage Woche ist normal im Iran und der Sonntag ein normaler Werktag. Das galt auch für mich. Das hätte mir auch jemand vorher sagen können.

Das Kind im Aufzug

Ich arbeitete die ganze Zeit direkt bei unserem Endkunden. Eines Morgens, ich lächele dem immerhin bewaffneten Wachposten zu, da er mich bereits kennt, winkt er mich durch.
Rein in diesen Aufzug mit orientalischen Ornamenten und der himmlischen Musik. Ziel ist der 13. Stock. Der Aufzug ist recht voll. Da merke ich, dass ein kleines Kind vor mir steht und mich mit großen Augen ansieht. Vielleicht war das Kind noch nie einem blonden Menschen begegnet. Hm, wie verhalte ich mich jetzt korrekt? Fern der Heimat in einem islamischen Land, ich will nichts falsch machen.
Ich tat dem Kind wohl leid, denn es streichelte sogleich meinen Bauch.

Damit habe ich nun wirklich nicht gerechnet und kann nicht anders als das Kind anzulächeln. Die Stimmung im Aufzug löst sich, bärtige Männer und elegante Frauen, breite Schals gekonnt um den Kopf geschlungen lächeln zurück. Mir fällt ein Stein vom Herz, alles gut. Ein kleines Kind im Aufzug eines Teheraner Büro Hochhauses, das hätte ich wirklich nicht erwartet, aber egal das Lächeln half auch hier.

"Meine" Pizzeria in Teheran

Im Hotel, der Aufzug funktionierte inzwischen wieder, gab es diverse Lieferservices für das Abendessen, bestimmt alles sehr lecker. Nur hatte ich überhaupt keine Lust allein in meiner luxuriösen Suite zu essen. So bin ich hungrig durch das Viertel gestreift, auf der Suche nach einem Abendessen.
Beim Gemüsehändler noch ein wenig Obst mitgenommen. Verständigung mit Händen und Füßen war kein Problem. Da ich

zunächst die Zahlen nicht lesen konnte, war ich auf die Ehrlichkeit des Gemüsehändlers angewiesen.

Unweit vom Hotel befand sich eine Pizzeria. Dort bin ich abends immer eingekehrt. Wurde auch oft von Iranern eingeladen, mache sprachen sogar Deutsch, andere Englisch. Hab mich dann mit dem Besitzer und seinem Bruder angefreundet. Wenn mal nicht so viel los war, übten wir zusammen Deutsch und ich hatte Pizza und Getränke frei. Der Bruder hieß Salam. Dort sagt man zur Begrüßung Salam. Hab ihn also immer mit Salam Salam begrüßt, das fand ich spaßig und musste dabei meistens lachen. Salam und sein Bruder lachten mit.

High Heels im Iran

In meinem Viertel lag auch eine Shopping Mall. In der Shopping Mall ein Bata Schuhgeschäft. Normalerweise laufe ich an Schuhläden vorbei. Doch hier sah ich etwas aus den Augenwinkeln, das ich hier nicht erwartet hätte. Tatsächlich da lagen High Heels mit mindestens 15 cm Absatz. Hier in Teheran, unglaublich so etwas zieht hier niemand an, dachte ich. Von wegen! Ein paar Tage später, ich hatte die High Heels schon vergessen. Ein paar Meter vor mir läuft eine Frau in einem langen Gewand. Ein kleiner Windhauch hebt das Gewand ein wenig in die Höhe und ich traue meinen Augen nicht, diese Frau trägt tatsächlich diese Mega High Heels und bewegt sich sicher, wirklich sicher auf den Kopfsteinen dieses Fußwegs. Vielleicht ihre Art zu rebellieren.

Bier oder Limo, das ist die Frage

Nirgendwo trank ich so viel Bier wie in Teheran:. Selbst in der

Kantine, in den Restaurants. Allerdings ohne Alkohol. Mit Fruchtgeschmack: Habe ich eher als Limonade angesehen, war dann lecker. Nur das alkoholfreie Himbeerbier aus der Holsten Brauerei fand ich nicht so großartig.

Einen Schal kaufen, nicht so einfach

Weil es bei der Arbeit recht gut klimatisiert war, habe ich mir eine Erkältung geholt. Ein Schal wäre jetzt gut. Ich bin abends durch die Geschäfte gegangen, doch es war kein Schal aufzutreiben: Immerhin konnte ich mich durch Zeichensprache verständlich machen. Die Verkäufer wollten mir keinen Schal verkaufen, da sie nur Damenschals im Programm hatten. Mir wäre der Unterschied nicht aufgefallen, doch womöglich hatten mich die Verkäufer so vor weiteren Komplikationen bewahrt.

An einem Straßenstand fragte ich dann noch einmal gestikulierend nacht. Eine andere Kundin hatte dies mitbekommen und erklärte mir in bestem Englisch wo es Herrenschals gibt. Ich bedankte mich herzlich und so bin ich zu meinem Schal gekommen. Wieder mal Glück gehabt. Immerhin war die Frau in männlicher Begleitung unterwegs und sie hat mir trotzdem geholfen.

„Auf Arbeit"

Wie gesagt, mein Arbeitsplatz dieser Tage war ein heftig gekühlter Technikraum im 13. OG.

Apropos Klimaanlage, ich sah wie ein älterer Mann aus dem Fenster stieg, um die Klimaanlage zu warten, ohne jegliche Sicherheitsausrüstung! Mir ist fast das Herz stehen geblieben. Immerhin, der Fenstersims war ziemlich breit. Der Mann ist mit einer Ruhe und Selbstverständlichkeit aus dem Fenster gestiegen und wieder zurückgekehrt, dass ich mich wieder beruhigt habe. Andere Länder andere Sitten.

Das Projekt selbst war über Jahre vor sich hin gedümpelt und es ist auch Einiges schiefgelaufen. Mit anderen Worten wieder eine interessante Aufgabe.

Dass man sowas nicht an einem Tag gerade ziehen kann, dürfte wohl jedem klar sein. Es waren einige Sub und Sub Sub Unternehmen beteiligt. Keine Ahnung wie viele Sub Ebenen es gab, ganz wie zuhause. Ich arbeitete mit Houssein (Name geändert) zusammen. Er war der Chef der ausführenden Montagefirma. Er war ein hervorragender Ingenieur, jedoch eher mit der Technik eines Mitbewerbers vertraut. Wir saßen sozusagen in einem Boot. Er sprach gutes Englisch und hat die Rolle des Dolmetschers übernommen.

Mitunter liefen meine Maßnahmen nicht immer ganz so glatt. Wenn es also einmal eng wurde, holte Houssein sich einen großen aufgeklappten Monitor Karton, hat diesen nach Mekka ausgerichtet und gebetet, in Abwechslung mit den Kunden. So konnte ich alleine ohne Ablenkung weiterarbeiten. Trotz diesem höheren Beistand musste ich meinem guten Houssein die Angst vor einer Steinigung nehmen.

Immer um 18 Uhr erklang ein Gebet aus der Lautsprecheranlage. Die Arbeit musste dann für 15 Minuten unterbrochen werden.

Wir konnten das Projekt erfolgreich abschließen. Alleine hätte ich das nie hinbekommen, dank Houssein und seiner im Lande verteilten Crew.

Die Kundenabnahme war dann einzigartig. Aus irgendeinem Grund hat ein Kunde das Abnahmeprotokoll handschriftlich auf Farsi (iranische Landessprache) angefertigt. Sieht schon ungewöhnlich aus, wenn Du jemanden von rechts nach links schreiben sieht.

Houssein hatte dann gemeint, dass alles gut ist und ich schnell unterschreiben soll, bevor der Kunde noch weitere Ideen hat. Also habe ich unterschrieben und den Vollzug an unser Büro gemeldet. Die Kollegen sind natürlich gleich gekommen, um das Abnahmedokument zu holen. Bin den Abend noch zum Eis essen eingeladen worden, leckeres Eis. Alle waren froh.

Eine bemalte Wand in Teheran

Taxi

Morgens erklärte ein Hotelangestellter dem Taxifahrer wohin er mich fahren sollte. Abends (einmal um 3 Uhr morgens) hat das Houssein erledigt. Ich hatte auch noch eine Visitenkarte des Hotels und ein Handy mit iranischer SIM Karte dabei. Das Hotel war bei den meisten Taxifahrern nicht bekannt.

Die Taxifahrer ließen dann mitten auf einer Kreuzung die Scheibe runter und fragten andere Taxifahrer nach dem Weg. Hat funktioniert und es war ja eh Stau.

Einmal standen wir irgendwo in einer dunklen Teheraner Seitenstraße, der Fahrer konnte kein Englisch. Zum Glück hat dort das

Handy funktioniert. Im Hotel angerufen, dem Fahrer das Handy gegeben und so bin ich doch noch ins Hotel und zu meiner Pizza gekommen.

Manchmal wurde ich auch ganz unbürokratisch von Ali (Name geändert) mitgenommen, er wohnte ganz in der Nähe von meinem Hotel. Ali war der Auftraggeber von Houssein.

Dann war da noch dieser lustige Taxifahrer, er war der einzige der Englisch konnte. Er erzählte mir begeistert von seiner Zeit in Korea. Hab ihm von Thailand und meiner Freundin dort erzählt. Wir verstanden uns gut. Wie es der Zufall so will, bin ich 3 – 4 mal mit ihm gefahren. So hat er Vertrauen zu mir gefasst und mir richtiges Bier für 8$ angeboten. Hab freundlich abgelehnt.

Wäscheleine in der Luxus Suite

Hat wieder nicht geklappt mit der Wäsche im Hotel. In meiner Suite gab es eine Waschmaschine, glücklicherweise mit englischer Beschriftung. Nur keinen Wäschetrockner. Diesmal hatte ich Wäscheleine und Wäscheklammern dabei. Also spannte ich die Wäscheleine quer durch meine Luxus Suite. Die Wäsche war am nächsten Tag noch nicht ganz trocken und ich brauchte etwas Frisches zum Anziehen. Bügeltisch und Bügeleisen waren ebenso vorhanden, so bügelte ich notgedrungen meine Wäsche. Ein solcher Notfall ist bislang nicht wieder aufgetreten. Bügeln musste ich seither nicht mehr, darüber bin ich sehr froh.

Resümee Iran

Ich war erstaunt wie offen mir die Iraner mir ihr Herz ausgeschüttet haben. Manche wären lieber Amerikaner oder Deutsche. Ich durfte nur freundliche, hilfsbereite und sehr kommunikative Menschen im Iran kennengelernen. Außerdem fiel mir auf, dass auch iranische Frauen durchaus beherzt und vehement das Wort ergreifen können.

Nichts wird bleiben wie es war

Während meiner Zeit im Iran übernahm ein neuer CEO das Ruder. Er hat natürlich die ganze Firma umgebaut. Unsere Schulungsabteilung wurde geschlossen. Mein Aufgabengebiet änderte sich, ich war nur noch national zuständig. War keine schöne Zeit. In dieser unvorteilhaften Konstellation hatte ich auch noch Rufbereitschaft.

Die kleinen Dalai Lamas

2011 Frankfurt Flughafen Fernbahnhof. Ich war auf dem Heimweg von einer Dienstreise. In einem ICE fand ich an einem Tisch Platz, mir gegenüber ein kleiner Junge 4 Jahre alt. Er hatte das PM Magazin auf dem Tisch liegen und wollte so viel wissen. Er fragte seiner Mutter Löcher in den Bauch. Ich war sehr erstaunt wie präzise der kleine Junge seine Fragen formulieren konnte und er ließ nicht locker. Doch die Mutter war müde und so nahm der Junge mich in Beschlag und ich versuchte seine Fragen so gut wie möglich zu beantworten. Schließlich kam ich mit der Mutter ins Gespräch. Sie sagte mir, dass sie gerade aus Tibet zurückgekommen sind. Sie ist Deutsche und der Vater Tibeter (er saß am Tisch gegenüber). Sie hat als einzige Deutsche ihr Kind in Tibet zur Welt gebracht. Diesen kleinen so erstaunlich wortgewandten Dalai-Lama.

Ein halbes Jahr später erging es mir ähnlich in der Münchner U-Bahn. Dort saß ich einem kleinen Vietnamesen gegenüber, der gerade ein Verkaufsprospekt begutachtete. Er nam mich so in Beschlag, dass ich meine Haltestelle verpasste. So kam ich ausgerechnet zu meinem ersten Kundentermin zu spät. War kein Problem, ich sagte einfach gesagt wie es war.

Nach ca zwei Jahren (2012) ging eine große Entlassungswelle durch die Firma. Erneut ein interner Wechsel und ich konnte erstmal an Bord bleiben. Die eigentliche Technik und die Aufgabe an sich gefiel mir jetzt schon besser als die vorherige. Doch so richtig wohlgefühlt habe ich mich dort auch nicht, waren doch alte Strukturen so festgefahren und die Bildschirmarbeit ist mir immer schwerer gefallen. Es ist schon fast ein Wunder, dass ich fast 20 Jahre überwiegende Bildschirmarbeit mit nur einem Auge bewältigte. Du siehst also, dass es möglich ist, auch schwierige scheinbar unmögliche Situationen mit Handicaps zu bewältigen, wenn Du die richtigen Stairways to Heaven kennst.

Du wirst Opa

Nachdem Montha wieder einmal durch die Deutschprüfung im Bangkoker Goethe Institut durchgefallen war, beschloss ich schweren Herzens das Ganze zu beenden. Nach dem misslungenen Versuch, mich zu entspannen, rief ich Montha an, um ihr dies mitzuteilen. Ihre Antwort traf mich wie ein Blitzschlag aus heiterem Himmel: „Du wirst Opa" Dies hat nochmal alle Kräfte mobilisiert und die Operation wurde unter Geheimhaltung weitergeführt. Das war gut so, denn weder Zweifel noch Genörgel erreichte mein Ohr, jedenfalls nicht wegen Montha.

Thailand im Jahr 2011, die große Überschwemmung, mittendrin ein Ruderboot, darin zwei Frauen Mutter und Tochter, die hochschwangere Tochter auf dem Weg zur Entbindung, ihr Mann ist Polizist und in einem anderen Landesteil eingesetzt. Montha rudert. Es ging alles gut, einige Zeit später erblicke unsere Enkeltochter wohlbehalten die Welt. Tags drauf drang ihre kräftige Stimme, dank moderner Technik, an mein

Ohr. Du kannst Dir sicher vorstellen wie glücklich und erleichtert wir waren.

Aus einem Grund, den ich wirklich nicht verstehe, gibt es in meinem Freundes- und Familienkreis mehr kleine Mädchen als kleine Jungs. Kleine Jungs neigen dazu sich Äste zu greifen und wild damit in der Gegend herumzufuchteln und das verdammt schnell. Die Einäugigen unter euch verstehen sicher noch besser mein Unwohlsein bei diesem Gedanken. Kleine Mädchen pflücken lieber Blumen für die Mama, somit keine Gefahr für Opas verbleibendes Auge. Wie ein Freund aus Laos sagte: „Mädchen lieb, Jungs immer Krieg". Er hat beides. Ich hatte mir eine Enkeltochter gewünscht, dieser Wunsch wurde erfüllt.

Nach ein paar Monaten konnte Montha endlich ihre bestandene Prüfung vorlegen, der restliche Papierkram war eine Flachetappe. Mit dem Visum im Reisepass. T-Shirts und allerlei Thai Food im Koffer durfte sie nun endlich zu mir kommen.

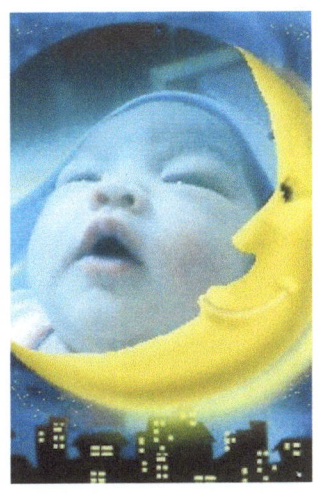

Die Geheimhaltung hatte nun ein jähes Ende. Dank dem freundlichen und gewinnenden Wesen meiner Montha waren keine größeren Erklärungen in meinem Freundes- und Familienkreis notwendig, Alle sahen, dass es mit uns beiden passt und wünschten uns viel Glück.

Wieder verheiratet

Am 7.9.2012 war es endlich soweit, wir heirateten in Mannheim.. Ich war gerade von einer Entlassung bedroht, das habe ich verschwiegen und konnte dann noch 6 weitere Jahre in dieser

Firma arbeiten.

„Sag nicht alles, was Du weißt, aber wisse immer, was Du sagst."

Matthias Claudius, Dichter, Lyriker und Journalist

* 15. 08. 1740 - Reinfeld

† 21. 01. 1815 - Hamburg

Anstatt einer Hochzeitsreise gingen wir auf Wunsch meiner Frau in das örtliche Arbeitsamt wegen der Arbeitserlaubnis. Das war auch bei meiner ersten Ehefrau so.

Krebs ein grausamer Tod

Januar 2013. Eigentlich ein schöner Tag, blauer Himmel, die Wintersonne scheint auf den Schnee der die Felder bedeckt. Im Auto vor uns meine Frau, ihre Schwester und mein Schwager. Bei mir im Auto Pra Ajahn unser buddhistischer Mönch. Die Fahrt geht nach Wiesloch, genauer zum Hospiz, das sich auf dem Gelände des psychiatrischen Landeskrankenhauses befindet.

Eine Freundin hatte sich den Besuch unseres Mönchs gewünscht, Krebs im Endstadium. Ich bin entsetzt, was von Ihr übriggeblieben ist, nur noch ein röchelndes Skelett aus Haut und Knochen. Ich musste erst mal raus, so einen furchtbaren Anblick hatte ich noch nie gesehen. War sie doch in den letzten Monaten stark abgemagert. Meine Frau hatte ihr immer Thai Essen gekocht, das sie dann genüsslich verspeiste. Doch was nun vor uns lag, darauf war ich nicht vorbereitet. In ihren guten Tagen hatte sie schon ihre Rundungen, ohne dick zu wirken.

Meine Frau und ihre Schwester streicheln ihr die Hände und kämmen ein letztes Mal die wenigen verbliebenen Haare. Im

Raum steht eine Klangschale, unser Mönch schlägt diese Klangschale, unsere Freundin atmet jetzt ruhiger. Er macht seine Ze-
remonien und singt für unsere Freundin.

Dann ist es Zeit für uns zu gehen, Ihr Mann und ihre erwachsene
Tochter bleiben zurück.

Wenige Stunden danach ist unsere Freundin gestorben, sie wurde
nur 42 Jahre alt. Es hat eine ganze Weile gedauert, bis ich wieder
in mein normales Leben gekommen bin.

Chinesen und Inder bei der Arbeit

Etwas internationale Zusammenarbeit blieb auch in der letzten
Phase meiner Anstellung. In München lernte ich Dii Sii (Name
geändert) kennen. Er kam aus Indien und wir trafen uns zufällig
im Kraftraum unseres Hotels. Gemeinsam gingen wir Abendessen. Wir haben uns auch viel über die deutsche und die indische
Mentalität unterhalten, dabei blieb mir dieser Satz besonders in
Erinnerung.

„Wir Inder sind wie das Wasser, wie das Wasser erreichen wir das Ziel"

Sozusagen das genaue Gegenteil von der "Kopf durch die Wand
Mentalität"

In der Firma hatte ich Kontakt zu indischen und chinesischen
Softwareentwicklern. Durch die ständigen Kosteneinsparungen
wurde die Softwareentwicklung nach Indien und China verlagert.

Mein Leben als Opa

Beim Spielen mit Ladia (Enkeltochter), ging meine Brille zu Bruch. Ladia ist ganz schön schnell. Wir mussten einige Optiker anfahren, um auf die benötigte Dioptrienzahl zu kommen. Noch eine ganze Weile versuchte Ladia mir die Brille abzuziehen. Sie kannte niemanden mit so einer starken Brille. Welch wunderbare Enkeltochter.

In einer Ferienwohnung sitze ich nichtsahnend auf einem Plastikstuhl, auf einem dieser weißen, die es auch bei uns gibt und die man so schön stapeln kann. Ladia nimmt Anlauf, ein Satz, Punktlandung auf meinem Schoß. Dem Stuhl war das zu viel. Alle vier Beine bogen sich nach außen. Wir glitten blitzschnell nach unten, ich konnte uns trotz der Schreckensschreie von Mama und Oma gerade noch einmal abfangen.

Eine Enkeltochter, ihr Opa und sein Glasauge

Die Nacht ist zu Ende und es hat „Plop" gemacht. Verschwommen nehme ich etwas Grünes war. Wo ist denn meine Brille? Ah hier. Jetzt erkenne ich unsere 5-jährige Enkeltochter in Ihrer grünen Schuluniform. Ach so, die Kinder in Thailand tragen Schuluniformen und hier spielt auch die Geschichte. Draußen ist es schon hell und meine Frau ist schon aufgestanden. Unsere Enkeltochter sieht mich mit so einem fragenden erstaunten Blick an. Dann fällt mir ein, dass ja mein Glasauge noch auf der Kommode ruht. Ich sage zu Ihr "taa sia", (Thai: Auge kaputt) damit ist alles erklärt und das Kind wieder fröhlich. Schließlich setzte ich mein Glasauge ein. Als Opa darf man doch ein Glasauge haben, oder nicht? Eigentlich wollte ich ja gar nicht, dass sie das mitbekommt. Doch was hat sich dadurch zwischen meiner Enkeltochter und mir geändert? GAR NICHTS. Eine ähnliche Situation hatte ich einige Jahre zuvor mit meiner Nichte Narm

Fon erlebt. **Es ist gut, nur gut, wenn Du Dich einmal von dem Glauben befreit hast, etwas verbergen zu müssen. Ein Gewinn an Lebensenergie. Etwas zu verbergen bindet Lebensenergie.**

Im Tempel hast Du 3 Wünsche frei

In den buddhistischen Tempeln findest Du viele Glocken und Gongs und es ist ausdrücklich erlaubt diese anzuschlagen, ein passendes Stück Holz liegt immer bereit. Je Glocke hast Du 3 Wünsche frei. Mir gefällt der Klang und so lasse ich ausgiebig die Glocken erklingen. Unserer Enkeltochter gefällt dies natürlich auch. Alle Kinder dieser Welt lieben es Geräusche zu erzeugen. Diese Glocken sind Spenden der Menschen, die sich dadurch die Erfüllung ihrer Wünsche erhoffen. 2017 habe ich eine kleine Glocke mit nach Deutschland genommen, für den von meiner Frau eingerichteten Hausaltar. 2018 spendeten wir einem Tempel in Thailand eine Glocke. In diesem Tempel ruhen die Urnen der Eltern meiner Frau.

Ein Weiser aus dem Morgenland

(2016) In Spitzenzeiten wurden wir bei der Arbeit von internationalen Kollegen unterstützt. Zunächst kam ein Kollege aus dem Libanon, jeder hielt ihn für einen Moslem. Doch er war ein Christ. Ein angenehmer ruhiger Mensch. War gut zu arbeiten mit ihm. Ich erinnere mich noch gut, was er mir zum Abschied sagte:

„I try to think not too much"

"Ich versuche nicht zu viel zu denken"

Demenz Vater

Ab 2016 wurde mein Vater zunehmend dement und zunächst noch von meiner Mutter gepflegt. Keine Ahnung wie sie das alles geschafft hatte. Musste sie ihn doch mehrmals in der Nacht auf die Toilette begleiten.

Manchmal bekam Vater auch seine Schreianfälle.

An einem Freitag fuhr ich meine Mutter zu einer Untersuchung ins Krankenhaus, sie wurde stationär aufgenommen.

So musste ich mich um meinen dementen Vater kümmern, ihn nachts aufs Klo bringen, zurück ins Bett bringen und ihn wieder zudecken. Er hat sich über meine Zuwendung sehr gefreut. Er hatte auch einen Schreianfall in der Nacht. Ich konnte ihn beruhigen, indem ich selbst innerlich ruhig und freundlich war und so mit ihm sprach. Ich las, dass der demente Mensch ständig in Angst lebt und leicht in Panik gerät.

Da ich mich noch im Job befand, mit all seinen Herausforderungen, musste ich einen Platz für meinen Vater finden. Ich konnte am Samstag mit viel Glück eine Kurzzeitpflege in einem nahegelegenen Pflegeheim organisieren. Vater wollte immer wieder nach Hause, doch es ging nicht, meine damals 82-jährige Mutter hätte dies nicht mehr bewältigen können und ich hatte ja meine Arbeit zu erledigen, zu der ich jeden Tag 3 Stunden pendelte. Eine zutiefst traurige und anstrengende Situation. Unserer Sekretärin ging es ähnlich, so war ich froh, dass ich mit ihr darüber ab und zu sprechen konnte.

Mutter wollte Vater zu sich nehmen, wenn es ihr wieder besser ginge, doch dazu ist es nie gekommen.

Ich musste meinem Vater einen Platz in einem anderen Pflegeheim suchen, da sein Platz in dem ersten Pflegeheim bereits reserviert war.

Habe meinen Vater so oft es ging besucht, Frau, Bruder und Mutter mitgenommen. Einmal sind wir im Aufzug stecken geblieben, glücklicherweise kam die Hilfe schnell.

Demenz ist eine dämonische Krankheit, bei dem dementen Menschen kommen Dinge zum Vorschein, die man so noch nicht kennt. Mein Vater war nie religiös. Nun begann er sich zu bekreuzigen und in einer anderen Sprache zu sprechen. Vermutlich sind hier Erinnerungen aus seiner Kindheit in Rumänien hochgekommen. Zeitlebens war mein Vater ein friedlicher nachdenklicher Mensch, nun schlägt er sich mit seinem Zimmergenossen und den Pflegekräften, glücklicherweise nur selten. Er, der so viele Pokale für seinen Schachverein gewonnen hat.

Dies war eine schwere Zeit für mich, weil es dazu im Job auch nicht rund lief. Meine Frau sagte immer „Nicht so viel denken" und sie hat Recht damit.

Leider lässt sich zurzeit Demenz nicht kurieren. Es hat mich sehr mitgenommen, meinen Vater in diesem Zustand zu sehen, der so schrecklich anders war, als alles was ich von ihm kannte. Was bleibt, ist die Demenz anzunehmen, wissend dass es kein Zurück mehr gibt und dass der Tod bevorsteht. Mein Vater hatte auch Momente, in denen sein Geist klar war, er wusste dann wie es um ihn stand und hat darunter sehr gelitten.

Hier erkannte ich, dass unser westliches Mitleid vollkommen falsch ist. Es hilft weder meinem Vater noch mir, wenn ich mitleide, im Gegenteil, es beginnt eine Spirale nach unten. Besser ist es Mitgefühl zu zeigen und selbst so gut es geht ruhig und gefasst zu bleiben, dies ist die buddhistische Tradition und das hilft auch dem dementen Menschen im Westen.

Falls Du in eine vergleichbare Situation kommst oder schon bist, achte zuallererst auf Deine Gesundheit, auf Deine Regeneration. Nur so, wirklich nur so, kannst Du anderen helfen. Du kannst auf Dauer nicht mehr Energie verbrauchen, als Du aufnimmst. Meine thailändische Frau konnte nicht verstehen, dass es Pflegeheime gibt. In Ihrer Heimat leben die Menschen meistens noch in größeren Familienverbänden zusammen, sodass immer jemand da ist, der sich um die Alten und um die kleinen kümmert.

Vater stirbt, nicht alleine

Freitag 13.1.17 im "Homeoffice" ich beginne um 6:00 Uhr mit der Arbeit. Alles läuft gut durch, bin gegen Mittag fertig und gehe zu meinem Vater ins nahegelegene Krankenhaus.

Er lag allein in einem großen hellen Zimmer. Er sagt ab und zu etwas, doch ich kann ihn kaum noch verstehen. Ich streichle ihm ab und zu die Hand und sage so Sachen wie „Du hast alles richtig gemacht", „Alles ist gut", "Bitte sprich langsam, damit ich dich verstehen kann" Bin innerlich sehr ruhig und ich wundere mich darüber, dass ich gerade jetzt so ruhig bin.
Ich hatte Zeit genug, mich innerlich darauf vorzubereiten. Medi-

tation und Tai-Chi, womit ich mich seit einiger Zeit befasse, waren sehr hilfreich und natürlich auch Spaziergänge und Ablenkungen.

Habe dann meine Mutter abgeholt. Wir sitzen nun an seinem Bett. Er versucht ab und zu etwas zu sagen, doch wir können ihn nicht mehr verstehen.
Dann wurde seine Atmung ruhiger, Er seufze mehrmals leise „Aaaah", „Aaaah" dann wurde sein Gesicht schnell blasser, ich ahnte, dass dies nun das Ende war, konnte dies aber nicht sagen. Hab dann die Schwester gerufen, die dies bestätigte.

Bin von den Gefühlen überwältigt, Tränen brechen aus mir heraus.
Doch immerhin er ist sanft entschlafen. Muss so gegen 15:00 Uhr geschehen sein. Die Ärztin kam. Ich musste dann ein wenig spazieren gehen, an den nahe gelegenen Rhein.

Wieder zurückgekommen war die Pfarrerin bei meiner Mutter. Wir sind dann noch gut eine Stunde bei dem Leichnam meines Vaters geblieben.

Ich wusste seit einiger Zeit, dass ich meinen Vater auf seinem letzten Weg begleiten werde
Brauche noch ein paar Tage, um die Trauer und die anliegenden Formalitäten zu bewältigen.
Obwohl mein Vater sich seiner Gebrechlichkeit bewusst war und er sterben wollte, so ist es dennoch ein Verlust und nicht so leicht zu verkraften. Hab in ihm stets einen liebenswerten Menschen gesehen.
Die ersten Tage bin ich von einer schweren Traurigkeit erfasst. Doch dann muß ich mich um Mutter und die Formalitäten der Beerdigung kümmern. Ich komme aber nicht nur dadurch wieder ins Leben.
Das Ereignis hat mir gezeigt, dass das Leben mehr als das Denken ist. Als Vater starb hat etwas seinen Körper verlassen. Wohl das,

was man die Seele nennt, andere Religionen mögen dem andere Namen geben.

Eigentlich wäre jetzt eine längere Auszeit nötig gewesen, doch das war nicht möglich, war viel Arbeit und Bereitschaften und ich musste mich um meine Mutter kümmern. Viele Arztbesuche und obwohl uns das Bestattungsinstitut einiges abgenommen hatte schienen die Formalitäten kein Ende zu nehmen. In der Folge Schlafstörungen und war auch krankgeschrieben, mehr als in den vorherigen Jahren zusammen. Es war einfach zu viel, was im Jahr 2017 auf mich einstürzte. Dieser Weg war sehr schwer und steinig und nur mit viel Liebe und Vertrauen und Konzentration auf das Wesentliche zu überwinden.

Abfindung

So war ich nicht böse, als mir eine Abfindung angeboten wurde, die ich dankend annahm. Dies sah ich als Chance (nachdem ich den ersten Schreck überwunden hatte), etwas ganz Neues zu machen und mein eigener Herr zu sein.

Mir war vollkommen klar, dass ich keine weitere Ingenieurstelle mehr finden werde, allein wegen meinem Alter. Mir war klar, dass ich mein eigenes Ding auf die Beine stellen werde. Manchmal überfielen mich Zweifel, doch diese sind inzwischen überwunden.

"Mit dieser Unterschrift bist Du frei", so die Worte meines Chefs in unserem letzten offiziellen Gespräch. Worte die ich nie mehr vergessen werde. So sind wir freundschaftlich auseinander gegangen und ich werde zu Abteilungsfeiern eingeladen.

Was fange ich mit der neuen Freiheit an?

Im Oktober 2017 erst mal Urlaub in Thailand. Der Urlaub war schon lange geplant und die Flugtickets waren bereits gekauft. Dieser Urlaub war unter den gegebenen Umständen nicht ganz so entspannt wie sonst, doch immerhin konnten wir die Einweihung unseres Hauses in Thailand feiern. Dort werden wir eines Tages wohnen.

Zurück vom Urlaub, kümmere ich mich intensiv um meine Mutter. Sie ist geistig fit, hat aber viele körperliche Schmerzen, kann nicht gut schlafen und ist bisweilen auch recht aggressiv. Bei den Ärzten geht einiges schief. Im Lauf der Zeit kommt alles ins Reine.

Mehr und mehr fällt eine große Last von mir ab, das Eingebunden sein in einen Großbetrieb mit all seinen Abhängigkeiten. Nicht mehr Zeit nacharbeiten müssen, wenn die Bahn mal wieder verspätet war und keine 24/7 Rufbereitschaften mehr.
Dieser Prozess dauert mehrere Monate und mir wird klarer unter welcher Anspannung ich die ganzen Jahre stand, ohne dieser Anspannung bewusst zu sein, da es ja Normalität für mich war.

Ich bin in mich gegangen, habe das Resümee über mein bisheriges Leben gezogen. So bin ich zu dem Schluss gekommen, dieses Buch zu schreiben, als Grundlage, um Menschen in ähnlichen Lebenssituationen zu mehr Energie, Lebensfreude und Selbstvertrauen zu helfen.

Dabei kommt es darauf an, mein Ego zurückzunehmen, zuzuhören, aktiv nachzufragen, um den individuell besten Weg zu finden, egal ob dieser Weg in meinem Buch beschrieben ist oder nicht.

Danke dass Du mein Buch bis hierher gelesen hast. Du hast gesehen unter welchen Randbedingungen ich mein Leben bis hierher gemeistert habe und noch meistern werde.

Doch ich sage Dir eines, wenn ich das alles als Kind einer normalen Arbeiterfamilie geschafft habe, dann schaffst Du das auch.

Teil 5: Heroes

Denkmal für die alten Könige in Thailand

Berühmte Menschen trotz Einschränkungen. Ich sehe diese Menschen als positive Beispiele.
Nicht traurig sein, wenn Du nicht berühmt bist. Du bist ok so wie Du bist. Vergleichen tut nie gut, das hatten wir schon.

Michael Jackson

*29.8.1958 - †25.6.2009

„The King of Pop", bislang der erfolgreichste Entertainer aller Zeiten. Laut Wikipedia [501] musste er sich wegen eines Unfalls mehrmals die Nase operieren lassen. Durch einen zu früh gezündeten Feuerwerkskörper hatte er eine kahle Stelle am Kopf, deshalb musste er immer eine Perücke tragen.

Etwa Mitte der 1980er-Jahre erkrankte Michael Jackson an der Hautkrankheit Vitiligo, die seine Haut weiß werden ließ.

Ray Charls,

*23.9.1930 - †10.6.2004

Blinder Sänger und Pianist, seine unglaubliche Lebensgeschichte kannst Du in Wikipedia nachlesen [502]

Jose Feliciano

*10.9.1945

Blinder Sänger und Gitarrist aus Puerto Rico. [503]

Stevie Wonder

*13.5.1950

Blinder Sänger, Multiinstrumentalist und Komponist. Außerdem UN Botschafter. Siehe [504}

Nick Vujicic

[505] Ein Motivationstrainer ohne Arme und Beine. Verheiratet 2 Kinder. Unglaublich wie er mit viel Humor sein Leben meistert. Wurde von seinen Eltern massiv gefördert.

Stephen Hawking

*8.1.1942 - †14.3.2018

Britischer Physiker, litt unter der Amyotrophe Lateralsklerose (ALS) war viele Jahre an den Rollstuhl gefesselt und konnte sich nur noch über einen Sprachcomputer unterhalten.

Siehe [506]

Muniba Mazari

[507] „The iron lady from Pakistan" Sie ist jetzt nicht ganz so bekannt, doch es ist wirklich beeindruckend wie sie ihr Schicksal

(Querschnittslähmung durch Unfall) bewältigt. Ihre Lebensenergie die sie hat und mit welch einer Stimme sie spricht.

Ludwig van Beethoven
*17.12.1770 - †26.3.1827

Deutscher Pianist und Komponist. Komponierte trotz Schwerhörigkeit und hatte auch sonst kein leichtes Leben. [508]

Thomas Alva Edison
*11.2.1847 - †18.10.1931

[509] Amerikanischer Erfinder und Unternehmer. Hat der Welt zahllose Patente hinterlassen.

Auch er war zeitlebens schwerhörig.

Margarete Steiff
*24.7.1847 - †9.5.1909

[510] Margarete Steiff gründete trotz Kinderlähmung die Margarete Steiff GmbH, die immer noch existiert und die berühmten Stofftiere herstellt.

Dies war nur eine kleine willkürliche Auswahl. Es gibt so viel mehr bekannte und unbekannte Menschen die trotz Handicaps mit beiden Beinen im Leben stehen.

Schlusswort

Dieses Buch habe ich für alle geschrieben, die etwas Neues beginnen möchten. Auf zu neuen Ufern. Vom Frust in die Freude. Ich schrieb es auch für mich, als Grundlage meiner neuen Tätigkeit. Ich möchte meine Erfahrungen im Bereich Resilienz weitergeben, mit Freude, Herz und Hirn.

Definition aus Wikipedia: **Resilienz** (von lateinisch *resilire* ‚zurückspringen' ‚abprallen') oder **psychische Widerstands-fähigkeit** ist die Fähigkeit, Krisen zu bewältigen und sie durch Rückgriff auf persönliche und sozial vermittelte Ressourcen als Anlass für Entwicklungen zu nutzen. Genau das durfte ich in den vergangenen Jahren einüben.

Es steckt mehr, so viel mehr in Dir als Du glaubst. Es gilt Deine Fähigkeiten zu entdecken, Zweifel, negative Emotionen und Gedanken ruhen zu lassen. Erkennen, was Du im Leben erreichen möchtest und mit Herz und Hirn in diese Richtung gehen. Gerade bei Menschen mit Handicaps kommt es oft vor, dass diese sich viel zu sehr mit den negativen Dingen in ihrem Leben identifizieren. Dies gilt es zu erkennen und aufzulösen.

Wenn Du in Trauer, Verzweiflung, Abscheu von etwas wegwillst, wird dies nur sehr selten gelingen.

Wenn Du hingegen voller Vorfreude Dein Ziel verfolgst wird es Dir viel schneller gelingen.

In unserer globalisierten Welt halte ich es für sehr wichtig, dass sich die Anhänger der verschiedenen Glaubensrichtungen akzeptieren und respektieren. Und so möchte ich mit einem Bibelzitat enden. Andere Religionen mögen dies in anderer Form ausdrücken.

Es gibt nichts Besseres,
als dass ein Mensch sich freut an seinen Werken
und dass er den Ertrag seines Tuns genießt.

Prediger Salomo 3.22a

Anhang

Damit Du es einfacher hast die Links zu öffnen, habe ich den Anhang in meine Homepage aufgenommen.

Deine-freude-finden.de/anhang-zum-buch/

Anhänge zu Teil 1: Stairway to heaven

[101] Augenschmerzen durch Arbeiten am PC - So halten wir unsere Augen fit Liebscher & Bracht. Anm: Hier gibt es noch mehr Videos zum Thema Gesundheit
https://www.youtube.com/watch?v=7HbNUCH_ip

[102] Richtig Meditieren | Einfache Erklärung
https://www.youtube.com/watch?v=6QHji6zR24A

]103] Tibetanischer Mönch erklärt die Kurz Meditation. Original in Englisch
Anmerkung, sein Name ist: Yongey Mingyur Rinpoche
https://www.youtube.com/watch?v=LkoOCw_tp1I

[104] Deutsche Übersetzung von [103]
https://www.youtube.com/watch?v=qF0hxirecU8

]105] Rote Ampel Meditation
https://deine-freude-finden.de/die-rote-ampel-meditation/

]106] Zeit Artikel | 12.07.18 | Was die spirituelle Kraft des Buddhismus bewirkt
https://www.welt.de/kultur/plus179182898/Hoehlendrama-in-Thailand-Wie-die-spirituelle-Kraft-des-Buddhismus-funktioniert.html

]107] 108F-Hot Yoga in Mannheim, Yoga bei 40 Grad Celsius
https://108f-hotyoga.de/

]108] Richtiges Sitzen Youtube Video
https://www.youtube.com/watch?v=d5G_9uVh8ZY

]109] Broschüre „Stark im Rücken – Haltung bewahren" (nach unten scrollen)
https://www.vigo.de/de/vigo_wissen/broschuerencenter_start.html

]110] Artikel der Ärzte Zeitungsartikel: Dauersitzen macht krank
https://www.aerztezeitung.de/medizin/krankheiten/herzkreislauf/article/879042/vernachlaessigtes-risiko-dauersitzen-macht-krank.html

]111] Yoga in Wikipedia
https://de.wikipedia.org/wiki/Yoga

]112] Tai Chi in Wikipedia
https://de.wikipedia.org/wiki/Taijiquan#Qi_(Ch%E2%80%99i)

]113] Qigong in Wikipedia
https://de.wikipedia.org/wiki/Qigong

]114] Youtube Video „Musik im Gehirn" 45 Min
https://www.youtube.com/watch?v=qIMMGVliQg0

]115] Webseite: Bitte Lächeln
https://www.aebv-schwaben.de/aktuelles/68-bitte-laecheln-lae-
cheln-sie-sich-gesuender-schlauer-und-gluecklicher.html

]116] Video: Was geschieht beim Lachen? Hirschhausen
https://www.ardmediathek.de/tv/Hirschhausens-Quiz-des-
Menschen/Was-passiert-im-K%C3%B6rper-wenn-wir-
lachen/Das-
Erste/Video?bcastId=14923584&documentId=45922848

]117] Selbstwertgefühl stärken: Mit 10 einfachen Schritten
https://karrierebibel.de/selbstwertgefuehl/

]118] Video von Christian Bischoff 10min
https://www.youtube.com/watch?v=cyjzNkhn2qM

]119] Video Danny Adams „Funktioniert Autosuggestion?"
https://www.youtube.com/watch?v=QKgSY8MFVzU

]120] Buch: „Endlich läuft der Laden" von Wolfgang Allgäuer

[121] Artikel: „Wie die Sprache uns verrät„
https://www.svz.de/deutschland-welt/panorama/wie-die-spra-
che-uns-verraet-id12175736.html

]122] YouTube: Ich muss nur sterben. Daliah Lavi
https://www.youtube.com/watch?v=AKqR9Bc_Q_w

]123] Artikel: 2 Wörter aus dem Vokabular streichen
https://arbeits-abc.de/2-woerter-aus-wortschatz-streichen/

]124] Video Gedankentanken:
Dr. Monika Hein, Wie die Stimme besser klingt, 20 min
https://www.youtube.com/watch?v=IYwZGpqHa1

[125] YouTube Kanal: Gedankentanken
https://www.youtube.com/channel/UC2AnkjPy95aL0X-
q9MPm2-Q

[126] Quarks & Co: Die Welt der Blinden
mit Sabriye Tenberken,
https://www.youtube.com/watch?time_continue=81&v=mdK
MHJV5Xec

[127] Buch „Tools der Titanen" von Tim Ferriss
Anmerkung, in diesem Buch wird auch der tibetische Mönch
[103] erwähnt.

[128] Vortrag Prof. Dr. Jörg Spitz
"Fit mit Fett - ein Leben lang"
1.5 Stunden
https://www.youtube.com/watch?v=xwSPLAkkRYc

Anhänge zu Teil 2: Roads to hell

[201] Artikel: „Reaktionsketten des Organismus bei Angst,,
http://www.medizinfo.de/kopfundseele/angst/reaktionsket-
te.shtml

[202] Buch: Verbales Judo

George J. Thompson und Jerry B. Jenkins. Hier beschreibt ein
amerikanischer Polizist (George J- Tompson) wie er durch ge-
schicktes Verhandeln seine „Kunden" überzeugen konnte mit
ihm zu kooperieren und den Einsatz von Gewalt zu vermeiden.
Vor dem Polizeidienst war der Literaturprofessor und Träger
des schwarzen Gurts in Judo.

[203] Artikel Ho'oponopono
https://www.alohahuna.de/hooponopono/

Beispiel bei YouTube:
https://www.youtube.com/watch?v=ac5SGwRPv0o

[204] Link: HSP-Test
http://www.zartbesaitet.net/survey/site.php?a=su_onepage&s

Anhänge zu Teil 3 : Make it real

[301] Buch: „Simplify your life" von Tiki Küstenmacher

[302] Planet Wissen - Weniger ist mehr, wie entrümpeln die Seele befreit mit Tiki Küstenmacher ca. 60 Minuten
https://www.youtube.com/watch?v=qsdcDAQbUEM

Anhänge zu Teil 4 : My way

[401] Video Musik Video zu Telstar
https://www.youtube.com/watch?v=ryrEPzsx1gQ

[402] Wikipedia Beitrag
https://de.wikipedia.org/wiki/Telstar

Anhänge zu Teil 5: Heroes

[501] Wikipedeia: Michael Jackson
https://de.wikipedia.org/wiki/Michael_Jackson

[502] Wikipedia: Ray Charls
https://de.wikipedia.org/wiki/Ray_Charles

[503] Wikipedia: Jose Feliciano
https://de.wikipedia.org/wiki/Jos%C3%A9_Feliciano

[504] Wikipedia: Stevie Wonder
https://de.wikipedia.org/wiki/Stevie_Wonder

[505] Wikipedia: Nick Vujicic Motivationstrainer ohne Arme
und Beine
https://de.wikipedia.org/wiki/Nick_Vujicic

[506] Wikipedia: Stephen Hawking
https://de.wikipedia.org/wiki/Stephen_Hawking

[507] Wikipedia: Muniba Mazari : Pakistan's Iron Lady | Never
Give Up
https://www.youtube.com/watch?v=2gS-e2M1krU

[508} Wikipedia: Ludwig van Beethoven
https://de.wikipedia.org/wiki/Ludwig_van_Beethoven

[509] Wikipedia: Thomas Alva Edison
https://de.wikipedia.org/wiki/Thomas_Alva_Edison

[510} Wikipedia: Magarete Steiff
https://de.wikipedia.org/wiki/Margarete_Steiff

QR Codes:

Die Anhänge zum Buch:
https://deine-freude-finden.de/anhang-zum-buch/

Rückmeldungen zum Buch
eMail: info@deine-freude-finden.de

Oder Telefon: 0621 4567 304 (AB)

Terminanfragen für Autorenlesungen etc:
https://deine-freude-finden.de/termin/

Notizen

Notizen